KB124941

야 누 시  코 르 차 크 의

# 아이들

야누시 코르차크의 **아이들**

샌드러 조지프 엮음 | 홍한별 옮김

양철북

읽어두기
2002년 초판 발행된 《야누슈 코르착의 아이들》을 새로 번역하여
펴냈습니다. 일부 내용을 바로잡고 '야누슈 코르착'을 포함한 폴란드어
인명, 지명 들의 표기를 외래어 표기법에 맞추어 고쳤습니다.

# 차례

야누시 코르차크의 말들이 나에게 그랬던 것처럼
소중하기를, 당신의 마음에 가까워지기를.

샌드러 조지프

# 아이들을 어떻게 사랑할 것인가

독자들이 야누시 코르차크의 생애와 업적에 대해 조금이라도 더 알게 되기를 바라는 마음으로 이 책을 썼다. 책에 실린 인용문은 대부분 코르차크가 거의 백 년 전에 쓴 《아이를 사랑하는 법》과 《아이의 존중받을 권리》에서 따온 것이다. 세월은 많이 흘렀지만, 그가 들려주는 통찰과 소박한 진실은 오늘날에도 그때와 다를 바 없이 신선하고 소중하다. 그는 진정으로 시대를 앞서간 사람이었기 때문이다.

오늘날 우리는 수없이 쏟아져 나오는 육아 이론과 개념들 사이에서 갈피를 못 잡고 길을 잃을까 두려워하면서 부모가 되곤 한다. 전문가들이 하라는 대로 다 하지 못해서 죄책감에 시달리기도 하고, 전문가들이 하는 말이 하루가 멀다 하고 바뀌는 바람에 혼란에 빠지기도 한다. 육아서는 수백 권에 달할 정도로 많지만 실용적 방법을 일러주는 책, 아니면 아이들의 심리를 분석하는 책이 대부분이다. 그렇지만 소박하기 그지없는 영감과 믿음을 담은 말을 듣고 싶은 사람들, 그런 글에서 기쁨을 느끼는 사람도 있지 않을까?

나는 모릅니다. 알아낼 방법도 없습니다.
내가 모르는 부모가 내가 모르는 아이를
역시 알 수 없는 환경에서 어떻게 길러야 할지
나는 모릅니다.
어떤 책도 어떤 의사도
부모의 직관과 세심한 관찰보다 나을 수는 없습니다.
당신만큼 당신의 아이를 잘 아는 사람은 없으니까요.

잘못을 저지른 아이를 추궁하는데 아이가 침묵의 벽 뒤로 들어가버려 머리끝까지 화났던 적이 있지 않은가? 그럴 때 코르차크의 단순명료한 지혜를 나눠 가질 수 있었다면 곧 마음이 가라앉지 않았을까.

아이들은 정직합니다.
입을 꾹 다물고 있지만 사실은 열심히 대꾸하고 있는 겁니다.
거짓말은 하고 싶지 않고 사실을 말하려니 너무 겁이 나서 말을 못 할 뿐.
저도 이 사실을 알게 되고 무척 놀랐습니다. 침묵이 때로는 정직함을 열렬히 말하고 있다는 것을요.

내가 심리치료를 공부하다가 야누시 코르차크에게 빠져든 것은 운명 같은 일이었다. 저명한 아동 심리치료사 브루노 베텔하임과 앨리스 밀러 두 사람이 다 코르차크를 역사상 가장 위대한 교육자로 꼽는 것을 보고 관심을 갖게 됐다. 그래서 이 코르차크라는 사람에 대해 좀 더 알아보려고 도서관을 찾아갔으나 아무 자료도 찾을 수가 없었다. 교사, 사회복지사, 심리치료사 할 것 없이 아는 사람 전부를 붙들고 물었지만 그 이름조차 들어본 사람이 없었다. 그러다가 우연한 기회에 폴란드 전문가이자 영국에서 코르차크를 아는 몇 안 되는 사람 가운데 한 명인 펠렉 샤프를 만날 수 있게 되었다. 그가 나를 앞혀놓고 코르차크 이야기를 들려주었다.

이 일이 내 인생을 바꾸어놓은 여정의 출발점이었다. 펠렉 샤프는 영어로 번역된 코르차크의 책 두 권을 보여주었다. 한 권은 유명한 동화 《마치우시 1세 왕》이고, 다른 한 권은 죽음을 앞두고 쓴 《게토 일기》였다. "아이들에 대한 생각이 담긴 책은 없고요?" 하고 나는 물었다. 그는 속상한 듯이 고개를 저었다. 코르차크의 책 중에서 영어로 번역된 것은 거의 없다시피 했다. 그날 샤프가 아끼던 책 두 권을 나에게 내주었다. 코르차크가 쓴 《아이를 사랑하는 법》과 《아이의 존중받을 권리》였는데 둘 다 폴란드어로 쓰인 책이었다. 이 책들을 영어로 번역하지 않고는 내가 그의 세계에 들어갈 길이 없으리라는 생각에 어깨가 축 늘어졌다. 그리고 일 년 쯤 뒤에 베티 진 리프턴이 《아이들의 왕 야누시 코르차크》라는 코르차크 전기를 출간했고, 비슷한 시기에 폴란드 최고의 감독 안제이 바이다가 〈코르차크〉라는 영화를 만들어 개봉했다. 이 사람에 대해 알아야겠다는 내 결심은 더욱 굳어졌다.

나는 코르차크가 어떤 사람인지 알기 위해 수없이 많은 논문과 신문, 책을 샅샅이 뒤졌다. 그가 어떤 삶을 살았고 어떤 글을 남겼는지 알면 알수록 충격과 감동이 깊어졌다. 코르차크는 독보적이고 독창적인 교육자였을 뿐 아니라 의사이자 철학자, 인도주의자이기도 했고, 세계적으로 찬사를 받은 작품을 쓴 뛰어난 작가이기도 했다. 참으로 다양한 면모가 있고 그 한 면 한 면 전부에서 빛을 발한 사람이었다. 그러니 코르차크의 글에 대해 이야기하지 않고 그 사람의 생애를 논할 수는 없는 일이었다.

드디어 번역이 끝났다. 마침내 읽을 수 있게 된 그 글은 놀라울 따름이었다. 코르차크는 이론을 내놓거나 단정해서 결론을 내리는 대신 경험을 통해 알게 된 사실을 단순명료하게 썼다. 마치 어린아이가 말하는 것처럼 단도직입적이면서도 시적이었다. 그러니 당연히 독자들의 마음을 울릴 수밖에 없었다. 코르차크는 아이들의 마음속으로 들어가는 여행의 안내자가 되어, 우리 안에 잠들어 있던 아이를 다시 일깨워주었다.

나는 어린이와 청소년과 관련된 일을 20년 넘게 해오면서 아이들이 원하는 것은 오직 한 가지, 사랑받고 존중받는 것임을 알게 되었다. 아이들에게는 마땅히 그런 권리가 있으니까! 뿐만 아니라 아이들에게는 보호와 돌봄을 받을 권리가 있다. 그렇게 자란 아이들은 다른 사람을 존중하고 돌보는 사람이 되어 사회에 긍정적인 기여를 할 수 있다. 코르차크가 되풀이해 강조하는 것도 바로 이 점이다. 그런데 이런 중요한 메시지를 남긴 사람이 왜 알려지지 않고 잊히고 만 걸까?

이 의문에 대한 답을 찾으려고 나는 이스라엘로 갔다. 그곳에서 이제 일흔 살, 여든 살 넘은 노인이 된 그의 '아이들'을 만났다. 코르차크 이야기를 꺼내자 그들의 얼굴이 환하게 밝아졌다. 코르차크는, 그들이 아버지의 사랑을 절박하게 필요로 할 때 아버지가 되어준 사람이었다. 저마다 코르차크한테서 느낀 따스함과 다정함, 사랑의 감정을 이야기했다. 웃음기 띤 푸른 눈과 유머 감각도. 내가 코르차크를 전혀 모르는 사람에게 코르차크가 어떤 사람이었는지 설명하려면 무어라고 하겠냐고 묻자 한 사람이 이렇게 대답했다.

그분이 제 삶에 미친 영향은 말로 하기 힘듭니다. 인정이 넘쳐서 누구든 도우려고 하는 분이었죠. 우리는 코르차크야말로 세상을 구원하러 오신 분이라고 얘기했어요. 무엇보다도 그분은 아이들의 마음속으로 들어가는 방법을 아는 것 같았습니다. 우리 마음속을 꿰뚫어보았어요. 고아원에서 보낸 시간이 나를 지금 이 모습으로 만들었다고 생각합니다. 선생님은 늘 다른 사람에 대해 믿음을 가져야 한다, 사람은 누구나 본질이 선하다고 거듭 강조했습니다. 또한 혁신적인 교육자이기도 했어요. 아이들에게 어른과 똑같은 권리가 있다고 처음으로 주장한 사람입니다. 아이들은 도와주어야 할 대상이 아니라 그 자체로 온전한 인격체라고 생각했습니다. 그냥 그렇게 생각만 한 게 아니라 우리 고아원에 그런 생각을 실제로 적용했어요. 고아원에는 미리 정해 놓은 규칙이나 틀 같은 것은 없고 아이들에게나 교사들에게나 같은 권리가 있었어요. 이를테면 어린이 법정(고아원의 어린이 법정은 아이들 서로가 잘잘못을 가리는 곳이었다)은 약한 아이를 힘센 아이로부터 보호하려고 만든 것이었는데, 아이들만 재판장이 될 수 있었습니다. 교사들은 서류 작업이나 했고요. 전쟁이 터졌을 때 저는 굶어 쓰러질 지경이 되어 무슨 짓이든 할 수 있을 것 같았지만, 결국 하지는 않았습니다. 코르차크 선생님의 가르침이 내 안에 남아 있었으니까요.

나는 정말 그런 천사 같은 사람이 실제로 존재할 수가 있는지, 그저 역사적 평가가 관대한 것은 아닌지 다시 물었다. 그러자 나이 지긋한 노인이 얼굴에 웃음을 가득 띠고 대답했다.

나는 그분은 본성이 그런 사람이었다고 생각해요.

아마도 의사일 때 거리에 버려진 아이들이 극심한 가난과 고통을 겪는 모습을 직접 보았던 것이 평생을 헌신하게 된 계기가 되지 않았나 생각합니다. 코르차크 선생님의 인품에서 흠잡을 만한 것은 아무것도 떠올릴 수가 없네요. 나 자신이 교사인 데다 지금 할아버지가 되어서 아이들과 교육에 대해 좀 더 잘 알게 되었어도 마찬가지입니다. 여덟 해 동안 내 아버지였던 그분, 내 몸과 마음의 병을 치료해주고 내 평생의 지침이 된 가르침을 심어주신 그분을 가슴 깊이 소중히 기억합니다.

나는 번역된 코르차크의 글을 학생, 부모, 교사, 그 밖에 아이들과 관련된 일을 하는 사람들에게 보여주었다. 다들 이 책이 주는 메시지가 오늘날에도 의미가 있다며 책을 내보라고 용기를 북돋아주었다. 그런데 놀랍게도 누구보다 열렬한 반응을 보인 이들은 내가 상담해오던 아이들, 학대와 무관심을 경험했던 아이들이었다. 아이들이 하나같이 코르차크라는 사람이 대체 누군지 더 알고 싶다고 하는 걸 보면서, 나는 '아이들은 누구나 사랑받고 존중받기를 원한다'는 코르차크의 말이 얼마나 진실인가 하는 생각을 다시금 했다.

"우리 부모님이 코르차크 책을 읽었다면 제 관점을 이해할 수 있었을 텐데요. 저도 이해받지 못한다고 외로워하는 대신 코르차크의 말을 부모님께 들려줄 수 있었겠죠. 그러면 어쩌면 제 마음을 아셨을지도 몰라요."

아이들은 학교마다 어린이 법정이 있어야 한다는 생각에도 고개를 끄덕이며 괴롭힘이나 절도 같은 문제들을 해결하는 데 도움이 될 거라고 했다. 무려 백여 년 전에 큰 아이들과 교사들로 위원회를 구성해서 고아원 운영에 의견을 낼 수 있는 공간을 마련했다는 건 거의 믿기 어려울 정도라는 반응이었다. 지금 자기들이 다니는 학교에서도 학생들 의견에 귀를 기울이고 감정을 존중해준다면 더 즐겁고 민주적인 환경이 이루어져 중도 탈락하는 학생들도 줄어들 거라고 했다. 코르차크는 언제나 '아이들에게서 배우는 것'이 가장 중요하다고 힘주어 말했다.

코르차크는 마땅히 존경과 인정을 받아야 한다. 그가 순교자여서, 혹은 그가 위대한 작가이자 의사여서, 아니면 불쌍한 버려진 아이들을 돌보았고 또 교육 분야에 비할 데 없는 기여를 했기 때문만은 아니다. 그는 오직 아이들에 대한 깊은 사랑과 믿음을 따라 살고 또 죽음을 맞이한, 한없이 겸허한 사람이었기 때문이다. 코르차크는 진정한 '아이들의 왕'이었다.

샌드러 조지프

야누시 코르차크의
# 아이들

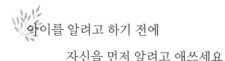

# 아이를 알려고 하기 전에
## 자신을 먼저 알려고 애쓰세요

자신을 믿고 스스로 길을 찾으세요.

아이들을 알려고 하기 전에 자신을 먼저 알려고

애쓰세요.

나 자신은 얼마나 잘할 수 있는지 알아야

아이들의 권리와 책임도 정할 수 있을 겁니다.

무엇보다 중요한 것은 당신도 한때 어린아이였음을

깨닫는 것입니다.

아이를 기르고 가르치려면 먼저 아이를 알아야

하니까요.

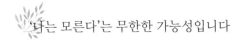# '나는 모른다'는 무한한 가능성입니다

'나는 모른다'는 말이 과학에서는 이론으로 설명할
수 없는 영역을 가리킵니다.
이곳에서 진리에 이르는 새로운 통찰이 시작됩니다.
'나는 모른다'는 말이 과학적 사고에 익숙하지 않은
이에게는 두려운 진공입니다.
하지만 아이들과 관련해서 '나는 모른다'라고 할
때에는, 그것이 신비한 창의력이 폭발하는 상태이자
생명력과 눈부신 놀라움으로 가득한 상태라는 걸
사람들이 깨닫고 즐길 수 있게 가르치고 싶은 것이
제 소망입니다.

# 나쁜 길을 가는 아이에게는
## 아직 믿을 만한 세상이 있다는 걸 보여주세요

청소년이 비행을 저지르는 것은 음주와 폭력,
광기를 경험했기 때문입니다.
누가 하라고 시켜서가 아니라, 자기도 모르게
내면에서 그런 것이 나오는 것이지요.
아이가 문득 자신이 다른 사람과 다르다고, 자기가
골칫거리라고 느낄 때,
따돌림당하고 손가락질당한다고 느낄 때
아이에게 슬픔의 순간이 찾아옵니다.
그럴 때 아이는 도움을 구할 겁니다. 누군가를 믿을
용기를 낼 수만 있다면.
자기를 받아줄 곳을 찾아가 이렇게 물을 것입니다.
"절 구해주실 수 있어요?"
아이는 속마음을 털어놓을 것입니다.
더 나은 사람이 되고 싶기 때문입니다.

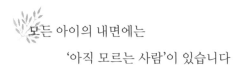

# 모든 아이의 내면에는
## '아직 모르는 사람'이 있습니다

아이는 미래를 살 사람이 아니라
오늘을 사는 사람입니다.
아이의 말에 진지하게 귀 기울이고
다정과 존경을 담아서 대해야 합니다.
아이가 어떤 모습이건 자기가 원하는 모습으로
성장할 수 있도록 해주어야 합니다.
모든 아이의 내면에 있는 '아직 모르는 사람'이
우리 앞날의 희망이기 때문입니다.

## "잘못했어요"란 말을 들으려 하는 대신
### 어른의 따뜻함을 보여주세요

한 아이가 무언가 잘못을 저질렀다고, 예를 들어
유리창을 깨뜨렸다고 해봅시다. 아이는
이미 잘못했다고 느끼고 있을 것입니다. 그런데
어른이 야단을 치면 아이는 야단맞을 만한 이유가
있으면서도 뉘우치는 대신 대들거나 성난 표정을
지어보이곤 합니다. 사실 아이한테는,
죄책감을 느낄 때가 어른의 따뜻함이 가장 간절한
순간이기 때문입니다.
깨진 유리는 아이들 관점에서 보면 실패한 시도일
뿐입니다. 비록 어른들이 하지 말라는 것을 시도한
것일 수는 있지만요. 우리는 이때 깨진 유리뿐
아니라 실패해서 속상하고 화난 그 마음까지
받아들여야 하지 않을까요.

# 아이는 비밀을 가질 권리가 있습니다

아이가 비밀을 털어놓는다면 고마워해야 합니다.

아이가 당신을 믿는다는 건 무엇보다도 큰

상이니까요.

그러나 비밀을 캐내려고 해서는 안 됩니다.

아이는 비밀을 가질 권리가 있습니다.

알려달라고 조르지도 말고 으름장을 놓지도 마세요.

그렇게 해서 비밀을 알아봐야 아이와

가까워지기는커녕 더 멀어지기만 할 것입니다.

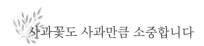# 사과꽃도 사과만큼 소중합니다

시장에서는 덜 자란 것들은 값을 쳐주지 않습니다.

하지만 하느님의 눈으로 보기에는

사과꽃이나 사과나 똑같이 소중합니다.

갓 돋아난 싹도 옥수수가 영근 밭만큼 소중합니다.

## 아이들에게도 권리가 있습니다

우리는 아이들에게 미래의 주역이라며
의무를 지워주면서도
오늘을 살아가는 사람으로 누릴 권리는
모른 척할 때가 많습니다.

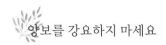 양보를 강요하지 마세요

어른들이 강요한 덕목에 반항하는 아이가 많습니다.
쉴 새 없이 주입을 당하고
귀에 못이 박히도록 들으니 그럴 수밖에요.
아이가 천천히 스스로
다른 사람을 위하는 마음이
아름답고 기쁜 것임을 알아나갈 수 있게 해줍시다.

## 꿈과 소망은 자랑해도 좋은 것입니다

아이들아! 너희 꿈과 소망을 당당하게 내세워라.

시선을 높은 곳에 두고,

빛나는 꿈을 향해 나아가라.

틀림없이 무언가를 얻을 수 있을 테니.

# 아이들의 통찰은 놀랄 일이 아닙니다

아이들의 예민한 통찰에 놀랄 때가 많은데,
사실 그건 우리가 그들을 진지하게 생각하지
않는다는 증거입니다.

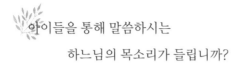 아이들을 통해 말씀하시는

하느님의 목소리가 들립니까?


나는 이 아이가 무척 고맙습니다.

이 아이에게 특별한 데가 있는 것 같지는 않습니다.

외모는 수수하고 생각은 평범하고 상상력도

부족하고 상냥함이라고는 눈 씻고 보아도 없네요.

귀여운 구석이라고는 없고요.

하지만 자연이자 불변의 진리인 하느님께서는

이 보잘것없는 아이를 통해 말씀하십니다.

길가에 자라는 작은 덤불을 통해 이야기하시듯이.

고맙다 아이야, 지금 네 모습이.

평범한 너의 모습이.

# 아이와 어른이 다른 점, 그것은 단 하나
## 아이는 돈을 벌지 못한다는 것입니다

감정이라면 아이가 어른보다 더 강하게 느낍니다.
아직 억누르는 법을 배우지 않았기 때문입니다.
지성이라면 적어도 어른들보다 못하지는 않습니다.
아이들은 늘 조금이라도 더 많이 경험하려고
하니까요.
그렇기 때문에 어른이 오히려 아이 같고,
아이는 어른처럼 느껴질 때가 많습니다.
아이가 어른과 다른 점은 단 하나, 돈을 벌지
못한다는 것뿐입니다.
어른에게 의존해서 살기 때문에 어쩔 수 없이
어른의 말을 들을 수밖에 없는 것입니다.

# 거대한 불균형의 시기를 이해합시다

청소년기를 특별하게 취급하다 보면

그 이전 시기도 천천히 성숙을 향해 나아가는

단계라는 걸 잊기 쉽습니다.

그 전에도 때로는 천천히, 때로는 빠르게

계속 자라왔는데요.

다만 체중 증가 곡선의 급격한 변화를 보면

청소년기에 느끼는 피로감, 서투름, 게으름, 몽롱함,

생기 없음, 무기력감, 불안감 들을 이해할 수 있을

것입니다.

이 시기를 그 전과 구분하기 위해

'거대한 불균형의 시기'라고 부를 만도 하지요.

# 아이들은 그저 이 세상이 낯설 뿐입니다

아이는 한시도 허투루 보낼 수가 없어 온갖 곳을 다
쑤시고 다닙니다.
구석구석을 뒤지고
새로운 것을 찾아내고 질문을 쏟아냅니다.
모든 것이 다 신기합니다.
실은 한 마리 개미일 뿐인 움직이는 점,
반짝이는 유리구슬,
우연히 주워들은 한마디.
누구라도 낯선 마을이나 이상한 장소에 툭
떨어지게 되면 아이들하고 똑같이 행동하겠지요.

# '내 것'이에요

아이가 숟가락으로 시끄럽게 식탁을 두드린다고
숟가락을 빼앗아버린다면,
단지 물건 하나를 빼앗는 것이 아니라
아이의 손에서 아이가 에너지를 분출하고
신기한 소리를 낼 수 있게 해주던 능력을 빼앗는
것입니다.
아이의 손은 그냥 손이 아니고 램프의 요정처럼
맛있는 과자를 쥘 수도 있고
새로운 보물을 붙들 수도 있는
신비한 능력을 발휘하고 있었던 거니까요.
당연히 아이는 울고불고 하겠죠.

소유라는 것과 강해진 힘이라는 개념에 어떤
관계가 있을까요?
선사시대 사람들은 활과 화살이 단순한 소유물일
뿐 아니라 멀리에서 목표물을 맞힐 수 있는
특별한 손이라고 느꼈을 겁니다.

# 아이들은 어떻게 배울까요?

아이들은 당연히 흉내를 통해 배웁니다.

여행자가 이누이트 마을 잔치나 예식에

초대받았다면 어떻게 할까요?

일단은 나서지 않고 관찰을 할 겁니다.

예식 절차의 원리나 의미를 알아내려고 할 테고요.

자기도 그 안에서 어떤 역할을 해냈다면

엄청 뿌듯하겠지요!

어른을 믿지 못하면서도 의지해야 하는

아이의 마음을 아십니까?


아이는 혼자서 해낼 수 없을 때 도움을 구합니다.

스스로 해보려 했지만 안 될 때가 있는데

이럴 때 다른 이에게 의존해야 한다는 사실 때문에

아이는 애가 답니다.

그 사람을 온전히 믿을 수 없으면서도

손을 빌릴 수밖에 없기 때문입니다.

도움이 필요한 환자는 인정사정없는 간호사가

야멸차게 굴더라도

꼼짝없이 참을 수밖에 없듯이 말입니다.

## '어떻게' 노느냐가 중요합니다

무얼 하고 노느냐는 중요하지 않습니다.

어떻게 노느냐가 중요합니다.

놀이를 할 때 무엇을 생각하고 느끼느냐가

중요합니다.

인형을 가지고 놀아도 지적으로 놀 수 있고,

체스를 둔다고 해도 어리석게 놀 수 있습니다.

경찰관이나 기관사, 카우보이 놀이를 하면서

상상력을 펼쳐 놀이에 푹 빠져들 수도 있고,

책을 읽어도 아무 흥미 없이 설렁설렁 읽을 수도

있습니다.

# 아기들의 몸짓 언어를 들어보세요

아기들은 몸짓으로 말하고
이미지와 감정의 언어로 사고합니다.
아기들은 말을 알아듣지만 단어를 이해한다기보다는
몸짓과 말투를 알아듣는 것입니다.
아기는 갖고 싶은 물건이 있으면 팔을 쭉 뻗으며
이렇게 말합니다. "저거!"
갖고 싶은 것을 향해 끊임없이 손을 뻗고
한참 애를 쓴 끝에 겨우 손에 쥡니다. 그러고는
"이제 됐다!"라고 하는 듯 한숨을 폭 쉽니다.
그런 물건을 아이에게서 빼앗으려고 해보세요.
그러면 아이는 온갖 방법을 동원해서 이렇게 말할
것입니다. "절대 뺏기지 않을 거야!"

아기가 고개를 가누고, 자기 힘으로 앉고, 혼자
섭니다.
"내가 해냈어!"라고 말하고 있는 거지요.
아기가 눈과 입에 웃음을 띤다면 이런 말을 하는 게
아니겠어요!
"사는 게 너무 행복해!"

# 아기는 말은 못 해도 대화를 할 수 있답니다

"코 어디 있어?"
아기는 무슨 말인지 하나도 몰라도
말투와 입 모양과 얼굴 표정을 보고
어떤 대답을 해야 하는지 짐작합니다.
말을 할 줄 모르는 아기라도
아주 복잡한 내용의 대화를 할 수 있지요.

# 실수를 하고, 그 실수를 넘어서게 하세요

아이가 실수를 할 수 있게 해주세요.

그리고 즐겁게 다시 도전할 수 있게 해주세요.

아이들은 웃고 돌아다니고 장난치기를 좋아하지요.

비록 당신에게는 삶이 무덤 같을지라도

아이들은 삶을 푸른 들판으로 볼 수 있게 합시다.

## 무기력한 아이로 만들고 싶으세요?
### 그러면 그림같이 키우세요

얼굴이 흰 아이가 흰옷을 입고
하얀 세간이 가득한 하얗게 칠해진 방에서
하얀 장난감을 가지고 노는 것을 보면,
어린아이 방이라기보다는
수술실 같은 이곳에서
생기 없는 영혼이
무기력한 사람으로 자라고 말 것 같은
안타까움을 지울 수가 없습니다.

## 아이들이 싫어하는 사랑 표현을 아십니까?

아이들은 따끔따끔한 수염, 까끌거리는 얼굴,
담배 냄새를 싫어합니다. 뽀뽀를 하면 아이는 얼른
얼굴을 손으로 닦을 텐데, 그러면 어른들한테
그러지 말라고 한소리 듣겠지요. 아이들은 보통
어른 무릎에 앉는 것도 싫어합니다. 어른이 손을
잡으면 슬그머니 손을 빼려고 하죠. 게다가
어른들은 늘 이런 아무 뜻도 없는 소리를 하고
이유도 없이 웃음을 터뜨리지 않나요. "얘는 누굴
닮았지?" "정말 많이 컸구나!" "착하기도 하지!"
등등. 그럴 때면 아이는 뭐라고 해야 할지 몰라서
얼어붙어버립니다. 언제까지 이런 일을 겪어야
할까요.

# 내 가장 큰 잘못은 아이가 아니라는 것입니다

아이들은 나에게 어떤 잘못이 있다는 것을
알아차리면 기꺼이 내가 더 나은 사람이
될 수 있게 도와주려고 합니다.
그런데 내 가장 큰 잘못은
더 이상 아이가 아니라는 사실임을
아이들은 모르지요.

꿈, 분출구를 찾지 못한 감정이 꿈으로 흘러듭니다.
꿈은 삶의 계획표와 같은 것이어서,
제대로 해석할 줄만 안다면 꿈이 실제로
이루어진다는 것을 알 수 있겠지요.

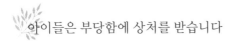
## 아이들은 부당함에 상처를 받습니다

"엄마는 어른이 차를 엎지르면 '괜찮아요'라고
말하면서 내가 엎지르면 화를 내요!"
아이들은 불공평한 일을 겪으면 마음 깊이 상처를
받습니다. 그래서 울음이 터져 나오는 건데
어른들은 운다고 놀리거나 짜증을 냅니다.
아니면 별거 아닌 일로 여기고 무시하거나요.
"또 징징거리고 떼 부리고 악을 쓰네!"
이런 말은 아이들을 공격하려고 어른이 만들어낸
말입니다.

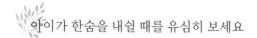# 아이가 한숨을 내쉴 때를 유심히 보세요

마침내 문을 여는 데 성공하자 아이는 안도의
한숨을 폭 내쉽니다. 아주 어린 아기들도 무언가를
해냈거나 한참 집중하고 난 다음에는 이런 깊은
한숨을 쉽니다. 아이에게 흥미진진한 이야기를
들려주면 이야기가 끝났을 때에 이런 비슷한 한숨
소리를 들을 수 있을 겁니다. 이 순간을 눈여겨보기
바랍니다.

이렇게 깊은 숨을 내쉰다는 것은 아이가 한참 동안
거의 숨 쉬는 것도 잊을 정도로 몰두했다는
뜻입니다. 아이는 숨을 죽이고 유심히 바라보고
기다리며 귀 기울이고 있었던 것입니다.

# 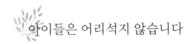 아이들은 어리석지 않습니다

아이들은 어리석지 않습니다.

바보는 아이보다 어른 중에 훨씬 더 많습니다.

# 어른들은 유리한 패를 쥐고
## 아이와 카드놀이를 합니다

아이가 우리의 잘못을 따지면 우리는 기분 나빠
합니다.
어른들이 실수하거나 어리석은 행동을 하더라도
아이들은 몰라야 하고요.
우리는 아이들 앞에 완벽함이라는 가면을 쓰고
나타납니다.
유리한 패를 쥐고 카드를 하는 것이나
다름없습니다. 어른이라는 높은 패로
아이의 낮은 패를 눌러버리죠.
속임수를 쓰며 카드를 섞어
좋은 카드는 모조리 골라 가지면서요.

## 평가하는 마음이 실망을 부릅니다

아이들이 기대대로 자라주지 않는다고
실망한 적 없나요?
아이들이 한 단계 한 단계 자랄 때마다
실망만 쌓인다고 한 적은 없나요?
아이를 이끌고 달래주어야 할 우리가
가혹한 평가자가 되고 말았다는 뜻입니다.

## 작은 심장마다 다른 근심이

같은 옷을 입고 있어도
그 아래에서는 수백의 다른 심장이 뛰고 있습니다.
그 심장 하나하나에 저마다의 고민,
저마다의 과제,
저마다의 염려와 걱정이 있습니다.

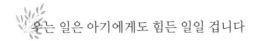 우는 일은 아기에게도 힘든 일일 겁니다

갓난아기들 중에 거의 안 우는 아이들이 있습니다.
다행스러운 일이죠.
그런가 하면 이마에 핏줄이 불거질 정도로
울어대는 아기들도 있습니다.
조그마한 머리통 윗부분이 팽팽해지고,
얼굴이 시뻘게지고, 입술은 푸르딩딩해져서는
이도 없는 입을 벌리고 배에 힘을 주고 주먹을 꽉
쥐고 발로는 허공을 걷어차지요.

그러다가 갑자기 울음을 멈춥니다.

아이는 기진맥진해서 항복한다는 듯한 표정을

지으며 엄마를 '나무라듯' 바라보고는

눈을 깜박거리며 잠에 빠져들려고 합니다.

그러다가 또다시, 숨을 몇 번 할딱거리다가 전보다

더한 기세로 울음을 터뜨리기도 합니다.

이 작디작은 폐, 자그마한 심장과 어린 뇌가 어떻게

이렇게 힘든 일을 감당하는 걸까요?

# 나쁜 행동? 어떻게 해야 할지를
## 몰라서 그러는 겁니다

나쁜 행동을 하는 아이는
그것을 무거운 짐처럼 느끼면서도
어떻게 해야 할지를 몰라 그러는 겁니다.
이끌어주는 사람이 없으면
나름대로 달라져 보겠다고 애쓰다가
실패하기 십상입니다.
그리고 난 다음에는 포기하고 말겠지요.

## 아이들은 주어지는 것이 아니라

### 얻어내는 것에서 기쁨을 얻습니다

아이들이 특히 크나큰 행복을 느끼는 순간을
본 적이 있나요?
그랬다면 아이들이 느끼는 최대의 기쁨은
어떤 장애물을 극복하거나
목표를 이루었을 때, 궁금증을 해결했을 때
나타난다는 것을 알 것입니다.
성취의 기쁨이자 스스로 해냈다는 행복감이지요.

## 아이는 어른에게 기대를 품습니다

아이가 행복을 만끽하고 어른을 믿을 수 있게
해주어야 합니다.
아이가 바라는 게 바로 그것이거든요.
이야기를 들려달라거나 공놀이를 하자고 할 때,
같이 그림을 그리자거나 글자를 가르쳐달라고 할 때
바쁘다고 거절하면 안 됩니다.
너그럽고 상냥하게 시간을 내어주세요.
아이들은 너무나 당연하게 그래주기를
기대할 테니까요.

Betka

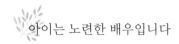

# 아이는 노련한 배우입니다

아이는 노련한 배우처럼

수백 가지 얼굴로 수백 가지 다른 역할을 합니다.

엄마, 아빠, 할머니, 할아버지를 대하는 태도가 각각

다르고, 엄한 선생님, 너그러운 선생님, 가난한

사람, 돈 많은 사람, 친구들을 대할 때도 다릅니다.

순진하기도 하고 약빠르기도 하고

겸손하기도 하고 오만하기도 하고

상냥하기도 하고 못되게 굴기도 하고

말을 잘 듣기도 하고 고집을 부리기도 합니다.

어찌나 천연덕스러운지 어른들은 끌려다닐

수밖에요.

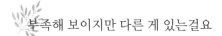# 부족해 보이지만 다른 게 있는걸요

아이는 어른과 다릅니다.
아직 어려서 모자란 면이 있을 수도 있고요.
하지만 그 아이는 우리 어른들이 갖지 못한
다른 것들을 훨씬 더 많이 갖고 있습니다.

# 아이들은 미래의 희망으로만 존재하는 것이 아닙니다
## 이들은 지금, 여기 이미 존재합니다

우리는 세상에 두 종류의 사람이 있는 것처럼
생각합니다.
일단 진지하고 점잖은 어른들이 있고,
그만큼 중요한 사람은 아니지만 너그러이 봐준다는
아이들이 있지요.
'어린이는 미래의 사람'이라는 말을 자주 합니다.
아이들은 아직은 사람이 아니라는 듯이,
아직 되지 않은 존재라는 듯이요.
하지만 아이들은 인구의 큰 부분을 차지할 뿐
아니라 우리와 함께 살아가고 있고
지금 여기에 이미 있는걸요.
전에도 있었고 앞으로도 있을 테고요.

수없이 많은 아이들─ 이들은

'언젠가는' 될 수도 있지만 '지금은 아닌',

'내일'의 사람이 아닙니다.

지금 바로 여기에, 오늘 이미 존재하는 이들입니다.

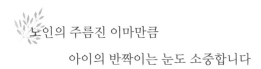

## 노인의 주름진 이마만큼
### 아이의 반짝이는 눈도 소중합니다

이 반짝이는 눈망울에 존경심을 가져야 합니다.
반반한 이마도, 아이의 노력과 의지도 존중해야
합니다.
흐릿한 눈빛, 주름진 이마, 하얗게 샌 머리의
구부정한 노인만 존경받으라는 법이 있나요?
해돋이와 해넘이가 똑같이 아름답고,
아침 기도와 저녁 기도가 똑같이 소중한데
말입니다.
새로운 세대가 성장하며 새로운 물결이 밀려옵니다.
약점과 장점을 다 지니고 다가옵니다.

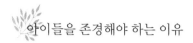# 아이들을 존경해야 하는 이유

사람들은 나이 많은 사람은 존경으로 대합니다.

그러면서 어린아이는 아랫사람 대하듯 무시하지요.

이것은 옳지 않습니다. 아이 역시 존경받아

마땅하기 때문입니다.

아이는 아직 작고 약합니다.

아는 것도 많지 않고 할 수 있는 것도 많지 않지요.

그렇지만 아이에게는 앞으로 자라서 될

미래가 있기 때문에

노인을 존경하듯 아이도 존경해야 합니다.

## 우리는 아이들이 성장하고
더 나은 존재로 자라는 데 무엇을 하고 있나요?


우리는 아이들이 더 나은 존재로 자랄 기회를
주어야 합니다.
나쁜 유전자를 물려받아서 어쩔 수 없다고 손을
놓아버릴 수는 없습니다.
옥수수 꽃에게 절로 옥수수가 되라고 할 수는 없는
것입니다. 우리는 기적을 이루는 사람도 아니고
사기꾼이 되고 싶지도 않습니다.
완벽한 아이를 길러낸다는 위선은 버려야 합니다.
우리가 요구하는 것은 다만 이런 것입니다.
아이들이 굶주림, 학대, 과밀한 환경, 착취, 전쟁을
겪지 않게 해야 합니다.

## 잘못을 저질렀어도 아이는 아이입니다

잘못을 저질렀어도 아이는 아이입니다.

이 사실을 한순간이라도 잊어서는 안 됩니다.

이 아이는 아직 스스로를 포기하지 않았습니다.

다만 자기가 왜 이런 행동을 하는지를

모를 뿐입니다.

아이는 자기가 혼자라는 것,

다른 사람과 다르다는 것을 깨닫고

소스라치게 놀라곤 합니다.

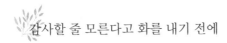
## 감사할 줄 모른다고 화를 내기 전에

흙이 그 위에 내리쬐는 햇빛에 감사하던가요?
나무가 자기를 자라나게 한 씨앗에 감사하던가요?
지빠귀새가 폭신한 가슴 깃털로 따뜻하게 품어준
어미새에게 감사의 노래를 부르던가요?
당신은 부모님에게 받은 전부를 아이에게 아낌없이
주고 싶나요, 아니면 만기 이자까지 셈해서
돌려받기 위해 모든 항목을 꼼꼼히 적어가면서
아이에게 빌려주려는 건가요?
당신은 대가를 돌려받을 생각으로 사랑을 주나요?

# 기대한다는 것은 이기심입니다

"우리 애는 머리가 나쁜가?"
이 질문을 마음에 담고 초조해하는 엄마는,
곧 아이에게 많은 것을 요구하게 됩니다.
형편이 넉넉한 부모는 자기 아이가 육체노동자가
되는 일은 있을 수 없다고 생각합니다.
아이가 기죽은 채로 불행하게 자라는 편이
그렇게 되느니보다는 낫다고 합니다.
이러한 태도는 아이에 대한 사랑이 아니라 부모의
이기심일 뿐입니다. 개인의 행복보다 가족의 기대를
먼저 내세우는 것입니다.
삶에서 최선의 길을 찾는 것이 아니라
사회적 관습의 속박을 따르는 것입니다.

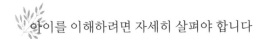 아이를 이해하려면 자세히 살펴야 합니다

아이들 저마다가 지닌 자질을 무시하고서는 절대로
아이를 이해할 수 없습니다.

아무 변화도 없는 것 같지만

그 안에서는 생명의 약동이 펼쳐집니다

봄이 오려면 아직 백일이나 남았습니다. 아직
싹 하나도, 꽃봉오리 하나도 보이지 않습니다.
그러나 땅 밑 뿌리들 사이에서는 이미 봄의 지배가
시작되었습니다.
쌓인 눈 밑에서, 앙상한 나뭇가지 안에서, 차갑고도
세찬 바람 속에서, 은밀히 버티며 약동하고,
웅크리고 기다리며 힘을 모으고 있습니다. 어느 날
한꺼번에 활짝 꽃을 피우기 위해서.

# 아이의 웃음, 눈물, 빨개진 얼굴을 살펴보세요

의사가 열, 기침, 메스꺼움 같은 증상을 살피듯
교사는 아이의 웃음, 눈물, 빨개진 얼굴을 살펴야
합니다.
의사의 약은 아이의 병을 낫게 할 뿐이지만
교육자는 사람을 길러냅니다.
교육자는 '아이의 영혼을 빚는 조각가'가 될 수
있습니다.

## 우리가 아니면 누가

아이들을 환한 웃음으로 맞겠습니까?


말썽과 잘못을 되풀이하는 아이에게 가장 필요한
것은 끈질긴 인내심과 따뜻한 이해입니다.
문제아들한테는 사랑이 필요합니다.
그들의 분노와 반항에는 정당한 이유가 있을 때가
많습니다. 안일한 도덕에 동조하느니
외롭고 가여운 문제아 편에 서야 합니다.
우리가 아니면 누가
이 아이들을 환한 웃음으로 맞겠습니까?

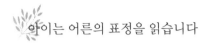

# 아이는 어른의 표정을 읽습니다

아이는 자기 주변 사람들의 분위기,
습관, 약점 들을 압니다.
그래서 솜씨 좋게 이용할 줄도 알지요.
따뜻함을 직감하고, 속임수를 느끼고,
어떤 것이 엉터리인지 알아차립니다.
농부가 하늘을 보고 날씨를 예측하듯
어른의 표정을 읽습니다.
여러 해 동안 우리를 관찰하고
연구해왔기 때문입니다.

## 안타깝게도 아이들도 경제적인 고민을 합니다

가슴 아프지만 아이는 집안의 경제적 어려움을
함께 떠안습니다. 가난한 자기 집을 잘사는 친구
집과 비교하기도 하고, 자기 입 때문에 안 그래도
없는 살림이 더 축나는 것 같아 괴로워합니다.
자기가 짐이라고 생각하는 겁니다.

아이가 부모나 선생을 두려워하는 것은

　　　　　　　　　　참 끔찍한 일입니다


세상에는 끔찍한 일이 많지만

가장 끔찍한 일은 아이가 아버지, 어머니나

선생님을 겁내는 것입니다.

마땅히 사랑하고 믿어야 할 사람들을 두려워하는

것이니까요.

# 아이들의 권리 선언은 계속되어야 합니다

고대 그리스와 로마에는 아이를 죽일 수 있게
허가하는 잔인한 법이 있었습니다.
중세에는 물에 버려진 갓난아기 시체가 어부들이
던진 그물에 걸려 올라오곤 했고요.
18세기 파리에서는 노트르담 사원 앞에서
좀 큰 아이들은 거지 무리한테 돈을 받고 팔고
어린아이들은 공짜로 내주었습니다.
그렇게 먼 옛날 일도 아닙니다.
심지어 오늘날에도 아이를 버리고 방치하는 일이
일어납니다. 원하지 않는 아이, 버려진 아이,
학대받고 착취당하는 아이, 권리를 박탈당하고
혹사당하는 아이들이 계속 늘어납니다.
법으로 아이들을 보호한다고 하지만 제대로
안 되고 있는 게 아닌가요?
우선 낡은 법부터 고쳐야 할 것입니다.

# 여기 진정한 시인, 사색가를 소개합니다

조심하세요. 현대에 탄생한 강력한 괴물이
있습니다. 인간의 탐욕이라는 괴물.
이 괴물이 우리에게 어떻게 살라고 지시합니다.
약한 자를 측은히 여기는 척하지만 거짓입니다.
노인과 여성을 존중하고 아이들에게 친절한
척하지만 위선입니다.
감정은 뒷문으로 몰아내버립니다.
진정한 감정의 대가, 시인이자 사색가는
아이들뿐입니다.
우리는 겸허한 마음으로 눈부시게 빛나는 성스러운
아동기에 경의를 표해야 할 것입니다.

아이들은 생각이 부족하지 않습니다
그저 어른과 다를 뿐입니다

아이가 하는 생각이 어른의 생각보다 모자라거나
뒤떨어지지는 않습니다.
그저 어른과 다를 따름입니다.
아이들은 지성으로 사고하지 않고 감정으로
사고합니다.
아이들과 대화를 나누려면 어렵고 까다로운 기술이
필요한 까닭은 바로 그 때문입니다.

**한** 발로 뜀박질하는 모습만이 아니라 인생이라는
동화의 기이한 비밀을 생각하는 모습도 아이입니다

아이들의 삶은 동화와 다를 바가 없습니다.

바다에는 사람을 통째로 잡아먹는 물고기가 산대요.

물고기가 사람을 삼키면 사람은 숨이 막혀요?

왜 물고기는 피가 차가워요?

여왕벌은 있는데 왜 왕벌은 없어요? 왕이
죽었어요?

새들은 스스로 길을 찾아 아프리카로 간다니
사람보다 더 똑똑한가봐요. 새들은 학교에도
안 다니잖아요.

여우는 전부 다 교활한가요? 여우를 잘 가르쳐서
바로잡을 수는 없나요?

개는 때리고 괴롭히더라도 끝까지 충성스러운가요?

사람도 박제할 수 있나요?

뱀은 왜 허물을 훌러덩 벗어도 안 아파요?

거미줄을 헤집어버리면 거미는 죽어요?

아니면 어디에 가서 새집을 지을 실을 구해 오나요?

앵무새는 자기가 하는 말이 무슨 뜻인지 모른다는 게

정말이에요? 앵무새는 개보다 똑똑해요? 개 혀를

수술해서 개도 말할 수 있게 할 수는 없어요?

나무도 살아 있어 숨을 쉬기도 하고 죽기도 한대요.

작은 도토리에서 참나무가 자라고, 사과꽃이 사과로

변한대요. 그런데 그걸 눈으로 보려면 어떻게 해요?

그러면 용하고 다른 동물하고 다른 게 뭐예요? 용이

실제로 없다고 하지만 있을 수도 있잖아요. 용이

없다면 어떻게 왕자님이 용을 죽일 수가 있었어요?

또 만약 인어가 없다면 왜 인어 그림은 있어요?

# 아기는 손으로 본답니다

이제 흐릿한 그림자처럼 보이던 엄마 얼굴을
손으로 만지고 느낄 수 있게 되었습니다.
아기가 자꾸만 엄마 코를 잡고 눈을 만지는 이유는
그것입니다.
엄마가 눈을 뜨면 반짝이고 눈을 감으면 빛이
사라지니 얼마나 신기할까요.
아기는 진지하게 정신을 집중하여 엄마 머리카락을
당겨보고 손가락으로 입을 벌려 이를 보고 입안을
들여다봅니다.
이럴 때에 아기에게 말을 걸고 입을 맞추고 장난을
치는 것, 이른바 '아기랑 놀아주기'를 하면 방해만
되겠지요.
아기는 확신을 가지고 가정을 세우고는 문제를
해결하려고 조사를 하고 있었는데요.

# 쉽게 싫증 내는 것도
## 깊이 몰두하는 것도 다 아이입니다

아이들은 새로운 느낌과 감각을 계속 추구하기
때문에 한 가지에 오래 몰두하기가
힘들다고들 합니다.
놀이도 금방 싫증 내고, 같이 놀던 친구를 갑자기
미워하다가, 또 잠시 뒤에는 다시 둘도 없는 친구가
되기도 한다고요.
하지만 나는 아이들이 한 가지 행동에 몇 주, 아니
몇 달이나 전혀 지루해하지 않고
한없이 몰입하는 것도 수없이 보았습니다.
어떤 장난감은 아무리 가지고 놀아도 질리지 않고
어떤 옛날이야기는 수없이 들었던 이야기인데도
매번 푹 빠져 듣습니다.

쉽게 싫증 내는 건 아이가 아니라 어른이라는
생각이 듭니다.
아이들이 똑같은 놀이를 계속 반복할 때
오히려 부모가 지겨워하는 일이 많습니다.
아이가 죽과 과일 조림을 날마다 먹고 싶어 해도
어른들은 똑같은 걸 또 먹고 싶을 리가 없다고
지레짐작하지요.

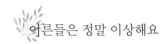

# 어른들은 정말 이상해요

이해할 수 없는 질문을 하는 어른,
뜻 모를 말을 하고 혼자 웃는 어른,
비밀을 마음대로 폭로하는 어른 들을 겪고 나면
아이는 어른은 길들여진 것 같지만
사실은 믿을 수 없는
야생동물이나 다름없다고 생각할 겁니다.

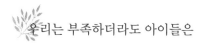 우리는 부족하더라도 아이들은

고귀한 정신은 해가 뜨면 사라지는

아침 안개일 수 없습니다.

구름을 뚫고 쏟아지는 빛살이어야 합니다.

우리 자신은 도무지 그런 정신에

다다를 수가 없을 것 같다면

적어도 아이들은 올바르게 키우려고 애씁시다.

# 어른은 아이가 성가시게 굴 때에만 아이를 봅니다

아이는 어른을 방해하거나 귀찮게 해야만 주의를
끌 수 있습니다.
우리는 아이가 이런 행동을 하는 순간만
알아차리고 기억합니다.
아이가 조용하고 진지하게 집중하고 있을 때에는
보지 못하고 아이가 자신과, 세상과, 하느님과
대화하는 신비로운 순간들은 무시합니다.
아이는 비웃음이나 꾸지람을 들을까 봐
갈망이나 고양된 감정은 감추고
이야기하고 싶은 욕구는 억누릅니다.
열정, 놀라움, 불안은 얌전히 숨기고
분노와 반항심도 고분고분 덮습니다.
우리가 춤추고 손뼉을 치는 아이를 기대하기 때문에
아이는 어릿광대처럼 웃는 얼굴을 보여주지요.

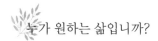 누가 원하는 삶입니까?

우리는 아이에게 "이렇게 해야 돼" "이렇게 했으면
좋겠어" 하고 말합니다.
그리고 아이가 따를 본보기도, 아이가 살았으면
하는 삶도 대신 찾아주려고 합니다.

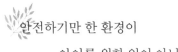

## 안전하기만 한 환경이
### 아이를 위한 일이 아닐 수도 있습니다

아이 방이 난장판이 되어 있어 한숨을 내쉰 적이
참 많지요? 하지만 이렇게 생각해보면 어떨까요?
아이가 가장 원하는 것은 모래 한 무더기,
나뭇가지 한 다발, 돌멩이 한 상자일지도 모릅니다.
장난감보다 나무토막, 판지, 못, 톱, 망치, 작업대가
더 좋은 선물이 될 수도 있습니다. 목공을 가르쳐줄
사람이 운동 코치나 피아노 선생님보다 더 도움이
될 수도 있습니다. 그렇게 되려면 집안을 병원처럼
청결하게 유지할 생각은 버리고 아이가 손이라도
벨까 봐 벌벌 떠는 것도 그만둬야겠지요!

# 모든 씨앗이 다 움트지는 않습니다

어머니의 사랑이 아무리 깊더라도
자식이 일찍 삶을 마칠 수 있다는 것 또한
받아들여야 합니다.
모든 사람이 지구가 해를 일흔 번 넘게 돌아야 삶을
접는 것은 아니고,
한두 번 봄을 맞은 뒤에도 그렇게 될 수 있습니다.
과학자들은 "신은 우리에게 생명을 주고 또 거두어
간다"고 말합니다.
모든 씨앗이 다 움트지는 않는다는 것,
알에서 나온 새끼 새가 모두 살아 둥지를 떠나지는
않는다는 것,
모든 묘목이 다 나무로 자라지는 않는다는 걸
알기 때문입니다.

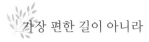

## 가장 편한 길이 아니라
## 가장 아름다운 길로 이끌어주십시오

하느님, 저는 당신 앞에 고개를 숙이고 제 열렬한
소망을 이루어주시길 요구합니다. 낮은 목소리로
속삭이고 있지만 집요한 의지를 담아 간곡히
탄원합니다. 당당히 서서 구름 너머로 열망의
눈길을 던집니다.
이 부탁은 나를 위한 것이 아니기 때문에 나는
당당히 요구합니다. 아이들과 그들의 노력을,
그들의 분투를 축복해주십시오. 삶의 길목에서
그들을 이끌어주십시오. 가장 편한 길이 아니라
가장 아름다운 길로 이끌어주십시오.
내가 드릴 수 있는 것은, 내가 가진 것 중 유일하게
값진 것인 내 슬픔뿐입니다. 내 슬픔과 노력을
당신께 바칩니다.

# 더 많이 묻기 위해 공부합니다

나는 발명가가 아니라 연구자의 자세로 임합니다.

하지만 알기 위해서 연구하는 것은 아닙니다.

더 많이 알기 위해서 연구하는 것도 아닙니다.

더 많이 묻고 또 묻기 위해 연구합니다.

# 세상이 달라져야 한다는 생각에
## 당신은 길을 찾으려 애씁니다

당신은 세상이 당신이 생각했던 것과는 다르다는
것, 그래서 세상이 달라져야만 한다는 걸 이미
압니다. 그래서 자기도 모르는 사이에
옳은 길을 찾으려고 애쓰고 있을 겁니다.
길을 잃은 느낌인가요?
삶이라는 정글에서 길을 잃는다고 해서 부끄러워할
필요는 없습니다.
헤매더라도 열심히 길을 찾는 걸 멈추지 마세요.
그러다 보면 아름다운 그림 한 조각을 발견할 수
있을 것입니다.
고통스럽습니까?
고통 속에 진실이 있습니다.

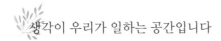# 생각이 우리가 일하는 공간입니다

사람은 자신의 영혼, 자기가 하는 생각에 책임이
있습니다.
우리 생각이 우리가 일하는 공간이기 때문입니다.

## 여기, 지금, 오늘을 중시하라는 호소

현재를 깨인 정신으로 책임감 있게 사는 법을
모른다면 어떻게 미래의 삶을
보장할 수 있겠습니까?
오늘을 짓밟고 업신여기고
앞날을 저당 잡혀버리지 마세요.
오늘의 삶을 억누르지도 서두르지도 몰아세우지도
마세요.
한순간 한순간을 소중히 여기세요.
지나가면 다시는 돌아오지 않을 순간이기
때문입니다.
오늘의 삶을 망가뜨리면 피를 흘릴 것이고
오늘의 삶을 죽이면 끔찍한 기억이 되어 유령처럼
당신 곁을 맴돌 것입니다.

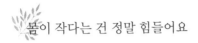

# 몸이 작다는 건 정말 힘들어요

사람들은 뭐든 큰 것이 작은 것보다 가치 있다고
생각합니다.
까치발을 디뎌보아도 손이 닿지 않으면 속상하겠죠.
아무리 발을 재게 놀려도 어른들을 따라갈 수가
없을 때도요.
손이 작아 자꾸 손에서 컵을 놓치는 데다 의자 위나
계단을 올라가려면 한참을 끙끙거려야 해요.
손을 뻗어도 문고리에 손이 안 닿고
창문 밖도 보이지 않아요.
모든 것이 다 너무 높이 있는 것 같아요!
사람 많은 곳에서는 아예 묻혀버리고 말지요.
앞은 안 보이는 데다 사람들한테 부딪히고 치여요.
몸이 작다는 건 정말 힘든 일이에요!
뭐든 크고 자리를 많이 차지하는 것만 중요하고
대단한 것 취급을 받지요.

## 작은 사람, 작은 소망, 작은 기쁨, 작은 슬픔…
### 이 모든 작은 것도 소중합니다

작은 것은 사소하게 느껴져 관심을 끌지 못합니다.
작은 사람, 작은 소망, 작은 기쁨,
그리고 작은 슬픔도 같은 대접을 받지요.
사람들은 대도시, 높은 산, 큰 나무 따위에만 관심을
가집니다.
'위대한 업적' '위대한 사람' 늘 이렇게 말하죠.
아이는 작으니까 무언가 모자란 존재라고
생각합니다.
우리는 허리를 굽혀 아이와 눈높이를 맞추어야
합니다.

# 아이가 자신을 실망시키지 않는
## 한 사람이 있다는 걸 안다면

슬픈 아이에게 누군가가 따뜻함과 이해와 존중을
보여주었다면,
그런 사람이 단 한 사람밖에 없었다고 해도
아이에게는 그 기억이
절대 사라지지 않는 흔적을 남깁니다.
잔인함이 지배하는 세상이지만
아이의 앞날과 자아감은 전혀 다른 방향을 향해
자랄 것입니다. 자기를 실망시키지 않을 사람이
한 명은 있다는 걸 아니까요.

## 부모만큼 아이를 잘 아는 사람은 없습니다

자신의 직관을 믿는 법을 배워야 합니다.
부모만큼 자기 자식을 잘 아는 사람은 없으니까요.
다른 사람한테 모든 해답을 다 달라고 하는 건
모르는 사람한테 자기 아이를 낳아달라고 하는
것이나 다름없습니다.
고통을 통해서만 얻을 수 있는 혜안이
그 어떤 것보다 더 가치 있을 때가 많습니다.
어떤 책도 어떤 의사도
부모의 직관과 세심한 관찰보다 나을 수는
없습니다.

## '내 아이'라고 말하는군요. 그럴 권리가 있습니까?

'내 아이'라고 당신은 말합니다.

아이가 배 속에 있을 때가 아니라면 이렇게 말할

권리가 있습니까?

복숭아씨보다도 작은 심장이 당신의 맥을 따라 뛸

때, 당신의 숨이 아기에게 산소를 공급할 때,

피가 아기와 당신 사이를 오고 가서

그 한 방울의 피가 당신 것이 될지

아니면 아기의 것이 될지,

아니면 출산 과정에서 쏟아져 사라지고 말지

알 수 없을 때가 아니라면요.

## 엄마와 아이는 신비롭게 공생합니다

배 속의 아이는 수백 수천 가지

미세하고 미묘하고 놀랍고 능란한 방식으로 엄마와

서로 주고받기 때문에

엄마나 아이 어느 쪽도 필요 이상으로 삶을

침범하지 않습니다.

그래서 자연 법칙에 의해 할당된

꼭 필요한 만큼을 나누어 갖는 겁니다.

# 당신이 먹는 빵 한 조각이 아기의 웃음이 됩니다

당신이 먹는 빵 한 조각 한 조각이

아이가 뛰어놀 수 있는 다리가 되고,

아이를 감싸줄 피부가 되고,

세상을 볼 수 있는 눈이 되고,

반짝반짝 빛나는 생각들을 떠올릴 뇌가 되고,

당신을 향해 뻗을 팔이 되고,

'엄마'를 보면 절로 떠오르는 웃음이 됩니다.

이 중대한 순간을 당신은 아이와 함께할 것입니다.
같은 고통을 함께 겪을 것입니다.
그러다가 마침내 이린 은밀한 메시지를 담은
신호가 오겠지요. "준비됐어요."
아이가 "나도 내 삶을 살고 싶어요"라고 말하는
순간입니다.
당신은 엄청난 산통을 겪으며 아기를 낳을
것입니다. 아기도 고통을 겪지만 당신은 느낄 수
없지요. 아기도 기를 쓰고 세상 밖으로 나옵니다.
엄마의 아픔은 전혀 모르면서요.
잔혹한 순간입니다.

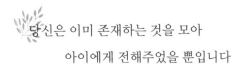

# 당신은 이미 존재하는 것을 모아
## 아이에게 전해주었을 뿐입니다

당신은 '내 아이'라고 말합니다.
하지만 여러 달의 임신 기간이나
아니면 출산 과정에도
아이는 오롯이 당신의 소유물은 아닐 겁니다.

당신이 낳은 아기는 4킬로그램 정도 나갑니다.
3킬로그램 정도의 물, 탄소 조금, 칼슘, 질소, 황, 인,
칼륨, 철로 이루어져 있습니다.
3킬로그램의 물과 1킬로그램의 재를 낳은 셈이네요.

당신 아기 몸에 있는 물은 한때 구름 속의 수증기,
눈송이, 안개, 이슬, 샘물, 도시의 하수구 시궁창
물에 섞여 있던 물방울들입니다.
아기 몸의 탄소와 질소 같은 원소들은
전에 어떤 화합물을 이루고 있었습니다.
당신은 이미 존재하는 것에서 이 모든 것을 모았을
뿐입니다.

# 이 무한한 세상에 이 작은 존재

지구는 무한한 우주에 존재합니다.

가깝다는 태양도 1억 5000만 킬로미터나 떨어져

있습니다.

이 작은 지구는 지름이 1만 2700킬로미터 정도인

불덩어리를, 두께가 약 15킬로미터인

딱딱한 껍데기가 덮고 있는 형상입니다.

불을 감싼 껍데기 위에 바다가 있고

그 위에 육지가 흩어져 있습니다.

육지 위에 나무와 풀숲, 곤충, 새, 동물들이 있고,

그 가운데 사람들이 몰려 사는 것이 보이네요.

당신은 이 무수한 사람에 아기 한 명을

더했을 뿐이에요. 그렇지 않은가요?

# 아기는 하늘에서 뚝 떨어진 것이 아닙니다

당신은 '내 아이'라고 말합니다.

하지만 아이는 엄마뿐 아니라 아빠에게,

할아버지 할머니나 증조할아버지

증조할머니에게도 속합니다.

수백 년 전 조상의 핏속에 잠자고 있던 어떤 '내'가,

이미 오래전에 잊힌 쇠락한 무덤에서 들려오는

목소리가,

문득 당신 아이를 통해 세상에 나타난 것입니다.

## 아기, 그 안에 깃든 우주

또 한 아기가 태어났습니다. 아주 작은, 먼지 한
점이나 다름없는 보잘것없는 존재입니다. 너무나
약해서 수천 배율로 확대해야 보일 만큼 작은 병균
때문에도 죽을 수 있습니다. 그러나 이 작은 존재는
큰 바다의 파도, 바람, 번개, 해, 은하수와 피를
나눈 형제입니다. 이 한 점 먼지는 밀 한 단, 풀잎,
떡갈나무, 새끼 새, 새끼 사자, 망아지, 강아지와
형제입니다.

그 안에는 모든 것이 이미 갖추어져 있습니다.
아기는 느끼고 탐구하고 고통받고 욕구하고 기쁨,
사랑, 믿음, 신뢰, 미움, 기대, 의심을 경험합니다.
받아들이거나 거부하는 법을 압니다. 이 한 점
먼지는 별과 바다, 산과 벼랑, 그 모든 것을 다
받아들입니다. 영혼의 본질이 다름 아닌 이 무한한
우주이기 때문입니다. 인간은 이렇게 역설적인
존재입니다. 한 점 먼지에서 태어났지만 그 안에는
하늘이 깃들어 있으니까요.

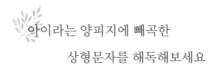
아이라는 양피지에 빼곡한
상형문자를 해독해보세요

아이는 자잘한 상형문자가 빼곡히 적힌 양피지와
같습니다. 당신이 해독할 수 있는 부분은
극히 일부에 지나지 않을 겁니다.
당신이 할 수 있는 일은 고작 몇 줄을 지우거나
뭉개고 몇 줄을 덧쓰는 것뿐입니다.
자연의 법칙이 그렇습니다.
사실 얼마나 놀라운 일인가요!
모든 아이에게는 영원히 뻗어나갈 세대의 첫 번째
고리가 있는 셈입니다.
아이에게서 당신의 드러나지 않았던 부분을
찾아보세요. 어쩌면 아이가 그걸 발달시키도록
도울 수 있을지도 모르니까요.

아이는 무한합니다

　　아이는 영원합니다


아이, 무한한 공간 속의 한 점 먼지.

아이, 영원한 시간 속의 한순간.

## 당신은 종종 뒷날을 보지만,
## 아이의 시선은 앞날에 고정됩니다

어떻게 하면 미래를 예측하고 대비할 수 있나요?
아이는 몰아치는 폭풍 속에서 날아다니는
한 마리 나비와 같습니다.
어떻게 하면 아이의 날갯짓을 무겁지 않으면서
단단하게 만들어줄까요?
어떻게 하면 아이의 날개를 비에 적시지 않고도
힘을 심어줄까요?
스스로 본보기를 보이고 도와주고 이끌어주고
조언을 해주면 어떨까요?
그런데 아이가 받아들이려 하지 않으면 어떻게
하죠?

열다섯 살이 되면 아이의 시선은 앞날에 고정되어
있을 것입니다.
당신은 종종 뒤를 돌아보고 있겠지만요.
당신은 추억과 습관 속에서 살고
아이는 변화와 희망 속에서 삽니다.
당신은 회의로 가득하지만,
아이는 기대와 믿음으로 가득합니다.
당신은 불안해하지만,
아이는 두려움을 모릅니다.
젊은이들은 비웃고 욕하고 조롱하기도 잘하지만
불완전한 과거를 바꾸고 싶어서 그러는 것입니다.
마땅히 그래야 할 일이지요.

젊은이가 실수하지 않고 탐색할 수 있도록
해주세요.

떨어지지 않고 높이 올라갈 수 있도록 해주세요.

상처 없이 앞길을 개척할 수 있도록 해주세요.

신중하고 조심스럽게 분투할 수 있도록 해주세요.

아이는 이렇게 말할 겁니다.

"제 생각은 달라요. 이제 감시는 그만두세요.

절 못 믿으세요?"

# 고통스런 밤들을 포기하지 마세요

"이제 내가 필요 없다는 말이니?
엄마의 사랑이 짐밖에 안 된다는 거니?"
아이를 기르는 일은 재미있는 오락거리 같은 것이
될 수가 없습니다.
막대한 노력과 수고를 들여야 하고 수없는 밤을
뜬눈으로 새워야 합니다.
하지만 그 밤들은 결코 헛된 시간이 아닐 겁니다.
어떤 책도, 어떤 조언도 주지 못할 것을
당신에게 안겨줄 테니 말입니다.
대단한 지식을 안겨주어서가 아니라
영혼에 크나큰 변화를 가져오기 때문에 의미 있는
시간입니다.

이 힘든 시간을 보내는 동안 신비한 조력자,
아이의 수호천사가 존재를 드러낼 것입니다.
어머니의 마음에 직관과 통찰이 생겨나는 것이지요.
늘 진실만 말하기 때문에 언제나 믿을 수 있는
벗입니다.

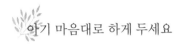

## 아기 마음대로 하게 두세요

아기에게 걸음마를 시키기에 적당한 때는

언제인가요?

아기가 걷기 시작할 때입니다.

아기는 언제부터 이로 음식을 베어 먹을 수 있나요?

그러기 시작할 때부터입니다.

아기는 하루에 몇 시간 자야 하나요?

아기가 자고 싶은 만큼입니다.

아기 눈을 들여다보세요.

### 거기 수백 가지 다른 눈빛이 있습니다

수백 명의 아기들. 침대 하나하나 몸을 숙이고
들여다봅니다.

태어난 지 몇 주밖에 안 된 아기도 있습니다.

몸무게도 각각 다르고, 사연도 각기 다릅니다.

아픈 아기도 있고, 회복 중인 아기도 있고, 건강한
아기도 있습니다.

힘겹게 겨우 목숨을 이어가는 아기도 있습니다.

나는 수백의 다른 눈빛을 마주 봅니다.

아무 표정 없는 흐린 눈빛에서부터

생기 있고 발랄하고 장난기 넘치는 눈빛까지.

웃음도 다 다릅니다. 반가운 웃음, 터져 나오는
웃음, 살가운 웃음,

혹은 한참 들여다보아야 보일락 말락 한 웃음,

웃는 얼굴을 따라 웃는 웃음,

다정한 말을 들으면 절로 나오는 웃음.

## 아기는 신비한 바깥세상으로 달려갑니다

아이들이 신발에 특별한 애착을 갖는 까닭이
신발과 걷는 능력을 연결시키기 때문은 아닐까요?
마찬가지로 아이의 외투는 동화 속 마법 양탄자
같을 겁니다. 그 옷만 입으면
집 밖으로 나가 동화 나라를 여행할 수 있으니까요.

## 컵이 깨지는 순간 아이는 마법을 봅니다

아이는 아직 모든 것이 낯섭니다.

컵을 바닥에 떨어뜨립니다.

그러면 이상한 일이 일어납니다.

컵이 사라지고 전혀 다른 새로운 물체가 그 자리에

나타나는 거예요!

아이는 몸을 구부려 그 조각을 집다가 손을 베어

피가 납니다.

세상은 신비롭고 놀라운 일이 가득합니다.

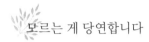 ## 모르는 게 당연합니다

아이를 대할 때에는 이방인을 대하듯 해야 합니다.
우리말을 할 줄 모르고,
우리의 법과 관습도 모르는….
때때로 아이는 혼자 관광을 하고 싶어 합니다.
그러다 길을 잃으면 길을 묻겠죠.
짜증 내지 않고 예의 바르게 대답해줄 안내자가
필요합니다. 아이가 모른다는 사실을
당연히 여기고 배려해야 합니다.

# 아이들은 모든 것을 확인하고 경험하고 싶어 합니다

아이들은 모든 것을 직접 보고 확인하고 경험하고
싶어 합니다. 하지만 그냥 들은 대로
믿을 수밖에 없는 것도 많습니다.
어른들은 "하늘에 달은 하나뿐이야" 하고 말합니다.
하지만 어째서 하나밖에 없는 달이 어디에 가든
보이는 건데요?

"자, 난 울타리 밖으로 나갈 테니까 너는 마당 안에
있어." 그러고는 울타리 문을 닫습니다.
"마당에서 달이 보여?"
"응."
"여기서도 보이는데!"
아이들은 서로 자리를 바꾸어서 다시 확인합니다.
이제 달이 두 개 있다는 것이 확실해졌지요!

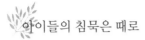

## 아이들의 침묵은 때로
## 정직함을 표현하는 방법입니다

아이들은 정직합니다.

입을 꾹 다물고 있지만 사실은 열심히 대꾸하고
있는 겁니다.

거짓말은 하고 싶지 않고 사실을 말하려니 너무
겁이 나서 말을 못 할 뿐.

저도 이 사실을 알게 되고 무척 놀랐습니다. 침묵이
때로는 정직함을 열렬히 말하고 있다는 것을요.

아이들에게 솔직하라고 하면서
정작 솔직한 말을 듣기는 싫어하는 어른이 많습니다


우리는 방금 꾸지람을 들은 아이가 작은 소리로
구시렁거리면 싫어합니다.
화난 아이가 자기를 야단친 어른에게 느끼는
솔직한 감정을 입 밖에 낼 수도 있는데
그 얘기를 듣고 싶지가 않기 때문입니다.

## 부부간의 사랑을 아이는 바로 흡수합니다

부부간의 사랑에 대해 한마디 하고 싶습니다.

부부간에 사랑이 부족하더라도 아이가 알아차리지

못할 수도 있습니다. 하지만 사랑이 있다면 아이는

그것을 바로 흡수합니다.

아이가 아플 때 부모는 온갖 생각에 빠집니다
뜻대로 안 되는 것에 대한 안타까움과 자책 사이에서

어쩌다 감기에 걸렸을까?
왜 더 조심하지 않았을까?
그래도 이 감기 덕에 다음 주나 다음 달에
옮을지 모를 더 독한 병에
저항력을 기를 수도 있을까?
면역 체계가 더 튼튼해지지는 않을까?
1제곱미터에 세균이 수천 마리나 있다는
공기로부터 아이들을 격리할 수는 없는 걸까?

## 엄마 마음은 아이와 함께 자라납니다

아이는 엄마의 삶에 놀랍고 아름다운 고요를
가져다줍니다.
아이와 함께 보내는 시간에 따라
엄마 삶의 리듬과 형태가 달라집니다.
아이가 떼를 써서가 아니라 그냥 존재만으로도
달라집니다.
아이와 함께 조용히 생각에 잠겨 있을 때
엄마의 마음은 아이와 함께 성숙해서
아이를 기르는 힘든 일을 거뜬히 해낼 수 있게
되지요.

이러한 힘은 책에서 얻을 수 있는 게 아니고
엄마의 마음속 깊은 곳에서 나옵니다.
이에 비하면 엄마가 읽는 책들은 아무것도
아닙니다.
이 책 역시도, 이 사실을 알리는 역할을 했다면
그걸로 할 일을 다한 거지요. 다만,
조용한 고독 속에서도 깨어 있기를 잊지 마세요.

## 잡동사니 같지만 그건 아이의 꿈을 담은 보물입니다

어른들은 아이의 주머니나 서랍 속을 못마땅한
눈으로 봅니다. 그 안에는 온갖 것들이 다 있지요.
그림, 엽서, 끈 도막, 못, 조약돌, 천 조각, 구슬,
상자, 색유리 조각, 우표, 새 깃털, 솔방울, 도토리,
리본, 말린 잎, 말린 꽃, 종이 인형, 버스표, 이제
사라진 무언가의 흔적, 이제 막 만들기 시작한
무언가의 뼈대 따위. 작은 물건 하나하나에 역사가
있고 특별한 유래가 있습니다. 지나간 것에 대한
기억이기도 하고 앞으로 올 것에 대한 갈망이기도
합니다.
작은 조가비는 바다로 놀러 가고 싶은 꿈을 의미할
수도 있고요, 나사와 철사 조각은 비행기로
하늘을 나는 꿈을 담고 있을지 모릅니다.

오래전에 망가진 인형의 눈은 잃어버린 사랑의
하나뿐인 유품이나 다름없지요.
꽃종이로 곱게 싼 엄마 아빠의 사진이나 돌아가신
할아버지가 준 동전도 있을 수 있습니다.
그런데 안타깝게도 무심한 어른은 화가 났거나
기분이 좋지 않다는 이유로 이런 보물을 내다
버리기도 합니다. 주머니가 늘어진다거나 서랍
속이 복잡하다는 어이없는 이유를 들면서요. 다른
사람의 소중한 재산을 이렇게 함부로 하다니 이
얼마나 잔인한 행동입니까? 그러고도 아이가 다른
사람이나 물건을 존중하기를 바랄 수 있습니까?
그 잡동사니는 쓰레기통에 들어갈 휴지 조각이
아니라 아이가 아끼는 재산이자 아이가 꾸는 꿈의
일부입니다.

# 지금 이 순간은 다시 돌아오지 않습니다

기분을 들었다 놨다 하고 속을 알 수 없는,
성장이라는 힘든 일을 존중하세요.
여기 지금, 현재에 주목하세요.
아이가 오늘 의식을 갖고 책임 있는 삶을 살게 하지
않고서 어떻게 앞날을 살아가길 바랄 수
있겠습니까?
모든 순간을 중요하게 여기세요.
이 순간은 한 번 가면 다시는 돌아오지 않기
때문입니다.

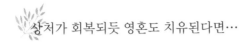

## 상처가 회복되듯 영혼도 치유된다면…

우리 아이 중에는 상처를 입은 아이도 있습니다.
깔끔하게 벤 상처는 아무 흉터도 남기지 않을
수도 있습니다. 이런 상처들은 붕대만 깨끗하게
갈아주어도 저절로 낫습니다.
하지만 할퀴어서 생긴 상처는 낫는 데 오래 걸릴 뿐
아니라 가슴 아픈 흉터도 남깁니다.
이런 상처는 건드리지 말고 더 세심히 살피면서
인내심 있게 기다려야 합니다.
사람들은 "상처가 낫고 있어"라고 말합니다.
이때 영혼도 함께 회복될 수 있다면 얼마나
좋을까요.

## 감정의 세계에서는 아이들이 훨씬 부자입니다

감정의 세계에서는 아이들이 훨씬 부자입니다.

아이들은 감정으로 사고하니까요.

비록 느낌이나 생각을 잘 표현하지는 못하지만

아이들은 시인이고 철학자랍니다

시인은 무척 행복한 사람이고 또 무척 슬픈
사람입니다. 화도 잘 내고 사랑도 열렬히 합니다.
강한 감정을 느끼고 다른 사람에게 쉽게 공감합니다.
바로 아이들이 그렇습니다.
철학자는 주의 깊게 관찰하고 생각에 빠지는
사람입니다.
세상의 비밀을 알고 싶어 하는 사람이죠.
바로 아이들이 그렇습니다.
아이들은 자기가 느끼거나 생각하는 것을
표현하기 힘들어합니다.
말을 하려면 단어가 필요하기 때문입니다.
글로 쓰자면 한층 더 어렵지요.
그렇지만 아이들이 진정한 철학자이자 시인인 것은
틀림없습니다.

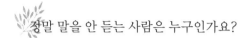

# 정말 말을 안 듣는 사람은 누구인가요?

우리는 아이들이 우릴 비판하지 못하게 하는데
그렇다고 스스로를 잘 다스리는 것도 아닙니다.
더 나은 사람이 되려는 시도들은 아예 접어버리고
대신 아이들보고 그렇게 되라고 짐을 지웁니다.
교사도 마찬가지로 어른의 특권을 차지하고는
자기 자신은 손 놓아버리고 아이들만 관리합니다.
아이들의 잘못은 꼼꼼히 기록하면서 자기 잘못에는
눈을 감지요.
우리는 함께 더 잘 어우러져 살려고 노력하나요?
'말을 안 듣는' 사람은 바로 우리 어른들 아닌가요?

## 아이들을 대하는 두 가지 감정, 사랑과 존경

아이들을 대할 때 나는 두 가지 감정을 느낍니다.
지금의 모습에 대한 사랑과
앞으로의 모습에 대한 존경.

# 아이와 어른이 사용하는 단어는
## 의미가 다를 수도 있습니다

아이와 이야기를 나눌 공통 언어를 찾기가 왜

이렇게 힘이 들까요?

아이들도 우리와 똑같은 단어를 사용하지만

그 단어들을 전혀 다른 의미로 채우기 때문입니다.

우리가 말하는 마당이나 아빠나 죽음 따위는

아이가 말하는 마당이나 아빠나 죽음과

전혀 다른 것일 수 있습니다.

# 아이의 영혼도 어른만큼이나 복잡합니다

아이의 영혼도 어른만큼이나 복잡하고

어른과 다를 바 없이

끝나지 않는 투쟁과 갈등으로 가득합니다.

하고 싶은데 못 하겠어.

해야 하지만 해낼 수가 없어.

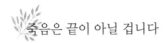# 죽음은 끝이 아닐 겁니다

영혼은 육신이라는 좁은 감옥에 갇혀 그 바깥을
그리워합니다.
우리는 죽음을 마지막이라고 생각하지만,
사실 죽음은 삶의 연장이자 또 다른 삶입니다.
영혼이 있다는 걸 믿지 않는 사람도 있지만
육신이 푸른 풀포기로, 구름으로
계속 살아가리라는 것은 부인할 수 없습니다.
인간은 결국 물과 먼지로 이루어져 있으니까요.

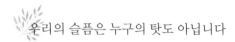
## 우리의 슬픔은 누구의 탓도 아닙니다

우리는 형제이고 같은 지구의 자식들입니다.
좋든 나쁘든 한 운명을 따라
한 길을 걸어온 선조들의 후손입니다.
같은 해에서 볕을 받고
폭풍이 닥치면 너나없이 피해를 입고
같은 흙으로 우리 조상의 뼈를 덮습니다.
우리는 기쁨보다 더 큰 슬픔을 겪고
웃음보다 더 큰 눈물을 흘렸지만
그것은 당신 잘못도 우리 잘못도 아닙니다.
이제 함께 힘씁시다. 더 나은 사람이 될 수 있도록
함께.

# 여러분 자신의 통찰을 믿으세요

여러분 자신의 통찰을 믿으세요.

사람은 누구나 자기 안에 온 세계를 가지고

있습니다.

모든 것은 두 가지 형태로 존재합니다. 존재 자체와,

우리가 눈과 마음으로 인식한 것 두 가지로.

여러분은 꿈을 가져야 하지만

삶을 있는 그대로 받아들일 줄도 알아야 합니다.

어떤 날은 행복하다가 또 다른 날은 슬프고,

어느 때는 잘되고 어느 때는 잘 안되고,

어떤 날은 해가 쬐고 어떤 날은 비가 쏟아지기도

합니다.

그러니 삶의 규칙이라는 게 대체 무엇일까요?

그건 우리 스스로 찾아야 합니다.

우리가 할 수 있는 일이 있을까요?

비결은 실수에 낙담하지 않고 솔직해지는 것입니다.

솔직하고 정의롭고 다른 사람을 배려하는 사람은

누구에게나 사랑을 받을 테니까요.

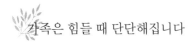

## 가족은 힘들 때 단단해집니다

집안에 아픈 사람이 있으면 가족은 더
가까워지기도 합니다.
이런 시기에는 부모도 아이도 더 따뜻한 마음으로
서로를 보듬게 되니까요.

# 마음의 양식도 모자라거나 과할 수 있습니다

정신적인 굶주림이나 과식이 일으키는 반응은
육체의 굶주림이나 과식과 다를 바가 없습니다.
따뜻한 충고와 가르침에 굶주린 아이는 그것을
얼른 받아들여 소화하고 흡수할 것입니다.
하지만 도덕 규칙을 물리도록 들은 아이는
욕지기만 느낄 테지요.

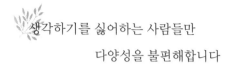

## 생각하기를 싫어하는 사람들만
## 다양성을 불편해합니다

모든 사람이 다 같아야 한다고 주장하는 사람은
바보입니다. 현명한 사람은 낮과 밤, 여름과 겨울,
젊은이와 늙은이가 있고,
뜰에는 나비가 하늘에는 새가 있고,
꽃 색깔이나 사람들 눈 색깔이 저마다 다르고
신이 인간을 남자와 여자로 창조했다는 것을
기쁘게 생각합니다.
생각하기를 싫어하는 사람들만 차이를
못마땅해하고, 생각하고 들여다보고 이해할
필요가 있는 다채로운 모습 앞에서 짜증을 냅니다.

## 다루기 쉬운 아이로 만들려 하지 마세요

순한 아이와 다루기 쉬운 아이를 혼동해서는
안 됩니다.
잘 울지 않고, 밤에 잘 깨지 않고, 밝고 씩씩한 아이.
이런 아이를 순한 아이라고 할 수 있겠죠.
요즘 교육 방식은 아이를 다루기 쉽게 만들려는
경향이 있습니다.
그래서 아이의 의지와 자유를 하나하나
잠재우고 억누르고 파괴하려고 합니다.
아이의 의지와 자유가 영혼을 단련하고
아이가 바라고 의도하는 것을 이루는 힘이
되는데도 말입니다.
행동거지 바르고 순종하고 말 잘 듣고 다루기 쉬운
아이를 만들려 하다 보면 아이의 내면은
고인 물처럼 정체되어버린다는 사실에는
아무도 관심이 없습니다.

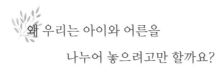

# 왜 우리는 아이와 어른을
## 나누어 놓으려고만 할까요?

인류의 절반을 차지하고 우리와 함께 살고 있는
아이들을 우리와 철저하게 구분 짓는 이유는
무엇입니까?
미래의 인류라며 아이들에게 책임감은 잔뜩
지워주면서, 오늘의 시민으로서 당연히 누릴 권리는
전혀 내주지 않습니다.

사람을 어른과 아이로 나누고,

삶을 소년기와 성인기로 나누어 생각하면

이 세상에는 얼마나 많은 아이들이 있나요.

그런데도 우리는 저마다의 삶과 고민에 빠져서

아이들의 존재를 잘 알아차리지 못합니다.

이전 시대에 여성의 목소리가 들리지 않았던

것처럼요.

우리는 아이들이 가능한 한 어른들을 방해할 수

없게끔 공간을 나눕니다.

아이들이 어른들이 어떤 사람이고 무슨 일을 하는지

알아볼 기회를 주지 않는 것입니다.

## 아기들에게도
### 인격이 있다는 사실을 놓치지 마십시오

우리는 아기들에게도 뚜렷하고 확고한 인격이
있다는 사실을 종종 놓치고 맙니다.
아기에게는 타고난 기질, 힘, 지성, 자의식, 삶에서
경험한 것들로 이루어진 인격이 있습니다.

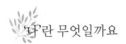

## '나'란 무엇일까요

아기는 목욕할 때 물을 보면서 이 무수한 물방울
가운데 자기 자신만이 의식이 있는 물방울임을
깨달을 때에, '나'라는 짧은 한 마디에 담긴 중요한
진실을 알게 됩니다.

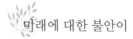

## 미래에 대한 불안이
### 현재를 제대로 보지 못하게 합니다

우리는 앞날을 미리 보고 싶어 합니다.

하지만 불안해하며 앞날을 내다보다 보면 현재를

잘못 보게 되곤 합니다.

## 어른들은 자유를 어떻게 써야 하는지도 모릅니다

어른들은 별로 똑똑한 것 같지가 않아요.

자기들이 가진 자유를 어떻게 써야 하는지도

몰라요.

어른들은 참 좋겠어요.

사고 싶은 게 있으면 마음대로 사고

하고 싶은 일 무엇이든 해도 되니까요.

그러면서도 걸핏하면 화를 내고

아무것도 아닌 일에도 소리를 지르곤 하지요.

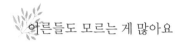

## 어른들도 모르는 게 많아요

어른이라고 모든 것을 다 알지는 못합니다.

가끔 어른들은 성가시게 묻는 아이를 떨쳐내려고,

혹은 아이를 놀리려고 아무 말이나 합니다.

어떤 어른은 이거라고 말하는데 다른 어른은

저거라고 말하기도 하죠.

누가 사실을 말하는지 아이는 알 수가 없어요.

하늘에 별이 몇 개 있어요?

아프리카 말로 연습장을 뭐라고 해요?

물은 살아 있나요?

물은 0도가 되었을 때 어떻게 그걸 알고 얼음으로

바뀌어요?

# 아이가 느끼는 성취는
## 또 다른 데에 있을 수 있습니다

아이가 느끼는 성취감은 어른이 어떻게
평가하느냐에만 달려 있지 않다는 걸 알아두세요.
또래 아이들의 의견이 그만큼이나, 아니 어쩌면
그보다 훨씬 더 중요합니다.
아이들이 서로를 평가하고 자기 무리에 들어올
자격이 되는지 검증하는 기준은
어른과는 전혀 다릅니다.

## 일찍 자고 일찍 일어나야 할까요?

전혀 졸리지 않은 어린이를 강제로 자게 하는 것은
큰 잘못입니다. 아기가 몇 시부터 잠을 자고
몇 시간 동안 자야 하는지를 적어놓은 일과표는
말도 안 되는 물건이지요.
아이가 몇 시간이나 자야 되는지를 알기는
쉽습니다.
아이가 깨지 않고 몇 시간을 자는지 보면 되지요.
아이는 평소보다 더 많이 잘 때도 있고,
피곤하기는 하지만 졸리지는 않아서
깬 채로 그냥 누워 있고 싶어 할 때도 있습니다.
일찍 자고 일찍 일어나야 한다는 원칙을
(그게 옳은지 옳지 않은지는 중요하지 않습니다)
부모들은 자기 편의에 맞게 바꾸어 해석합니다.
많이 자면 잘수록 건강에 좋다고요.

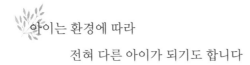

## 아이는 환경에 따라
### 전혀 다른 아이가 되기도 합니다

도시 아이들은 햇빛, 숲, 강이 있는 곳으로 캠핑을
가면 기쁨과 양분을 흡수합니다.
주먹대장이던 아이가 다른 아이들을 돌보기도 하고,
수줍음 많고 둔하던 아이가 대담하고 활발하고
주도적인 아이가 되기도 합니다.
몇 시간 만에, 몇 주 만에
아이들이 바뀌는 것을 볼 수 있습니다.
이것은 절대 기적이 아닙니다.
이미 아이 안에 있던 것이 드러났을 뿐입니다.
원래 없었는데 새로이 생겨난 것은
아무것도 없습니다.

## 자연을 해치는 건 사람뿐입니다

사람들은 산을 깎아내고, 나무를 베고, 동물을
죽입니다. 숲과 습지는 점점 사라지고
사람이 사는 땅은 점점 늘어납니다.
사람들은 계속 새로운 지역을 개척해 뿌리를
내립니다.
세상을 발아래 꿇리고 말았지요.

# 국방비가 교육비보다
## 많이 지출되는 현실이 안타깝습니다

국방비에 교육비보다 더 많은 돈이 들어간다면
누구라도 큰 충격을 받을 것입니다. 미래의
시민, 미래의 인류보다 쇠붙이에 더 많은 돈을
쏟아붓다니요. 정도 차이는 있지만 선진국이라고
하는 많은 나라들이 그렇게 합니다.

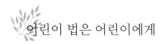

## 어린이 법은 어린이에게

정치가와 입법자들이 어린이에 관한 법률을 만들고
중요한 결정들을 내리지만 실패로 돌아갈 때가
많습니다.
한 번이라도 아이들에게 의견이나 동의를
구한 적이 있나요?
아이들은 아무것도 모른다고 생각하니 아이들의
조언이나 지지에 누가 신경이나 쓰겠습니까?
아이들은 어떤 생각을 가지고 있을까요?

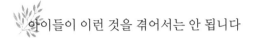아이들이 이런 것을 겪어서는 안 됩니다

사람을 믿고 좋아하고 행복하게 동화처럼 사는
아이들도 있지만,
아주 어릴 때부터 가혹하고 암울한 날것 그대로의
삶을 경험한 아이들이 더 많습니다.
가난, 학대, 무관심, 냉담이 아이들을 물들입니다.
그래서 아이들은 분노하고 믿음을 잃고 좌절하고
세상을 원망하기도 합니다.
하지만 결코 나쁜 아이들은 아닙니다!

코르차크의
# 삶과 사랑과 죽음

야누시 코르차크의 교육 활동을 좀 더 잘 이해하려면 먼저 그의 삶을 들여다보아야 할 것이다.

　본명은 헨리크 골트슈미트지만 필명인 야누시 코르차크로 더 널리 알려진 그는 의사이자 작가, 교육자, 철학자, 위대한 인도주의자이자 아동인권의 선구자였다. 폴란드에서 가난하고 버려진 아이들을 돌보는 데에 평생을 바쳤다. 그의 헌신적인 삶이나 교육관, 아동심리 분야의 통찰도 우리에게 중요한 교훈으로 남았지만, 코르차크는 작가로서도 탁월한 성취를 이룬 사람이었다. 코르차크는 폴란드 최고의 문학상을 받는 등 폴란드 문학사에도 영원한 발자

취를 남겼다. 그가 아이들을 위해 쓴 소설은 《이상한 나라의 앨리스》나 《피터 팬》에 버금갈 만큼 꾸준한 사랑을 받는다.

코르차크는 신념과 책임감이 너무 강해서 그것을 저버리느니 차라리 죽음을 맞겠다고 한 사람이다. 나치가 바르샤바 게토에 살던 유대인들을 수용소로 보내기 시작했을 때, 그를 존경하는 수많은 사람들과 친구들이 그를 구하려고 애썼지만 코르차크는 모든 제안을 거절하고 2백 명의 고아들과 함께 트레블링카의 가스실로 가는 기차에 올라탔고 그럼으로써 전설이 되었다. 수천 명의 아이들을 길러낸 교육자로서 코르차크는 차마 아이들을 저버릴 수가 없었다. 아이들이 죽음을 맞을지라도 코르차크에 대한 믿음을 잃고, 그에 따라 인간의 선(善)을 믿는 마음마저 잃는 일은 없기를 바랐기 때문이다.

그의 죽음은 비극적이고 영웅적이었지만 죽음에만 무게를 두어 그의 삶을 가벼이 다루어서는 안 될 것이다. 그의 삶도 그의 죽음만큼이나 눈부시고 영웅적이었으니 말이다.

그는 1879년 7월 22일 바르샤바에서 태어났다. 그의 집안은 2세대 전에 유대인 관습을 버리고 고등교육을 받아 폴란드 문화와 사회에 동화(同化)되어 살았다. 할아버지는 존경받는 의사였으며, 아버지 역시 변호사로서 성공한 사람이어서 코르차크는 유복한 어린 시절을 보낼 수 있었다. 그러나 코르차크가 열한 살 되던 해에 아버지가 정신 질환을 일으켰고 결국 회복하지 못하고 병원에서 생을 마감했다. 코르차크가 열여덟 살 때 아버지가 돌아가시면서 그의 가족은 큰 타격을 받았다. 저축을 아버지 병원비로 거의 다 써버렸는데 다른 수입원은 없는 상태였다. 그래서 바르샤바의 가난한 동네로 이사를 할 수밖에 없었다. 그 뒤 몇 년은 특히 힘들었다. 고등학생이던 코르차크가 돈을 벌어 어머니, 할머니, 여동생을 부양했다. 코르차크는 수업이 끝나면 과외 수업을 하러 다녔고, 밤에는 단편과 풍자 글, 시를 써서 주간 문예지 같은 정기간행물에 팔았다.

스무 살 되던 해 코르차크는 폴란드에서 가장 권위 있는 문학상 중 하나인 파데레프스키 상을 받게 된다. '야누시 코르차크'라는 필명을 쓰기 시작한 것도 이 무렵이다. 문학상에 응모하려면 반드시 필명을 쓰게 되어 있어서 코르차크는 공모 직전에 급히 필명을 만들었다. 옆에 놓여 있던 역사소설의 주인공 이름 '야나시 코르차크'를 필명으로 삼았는데, 식자공의 실수로 '야누시'로 인쇄가 되었고 그 뒤로 쭉 그렇게 쓰게 되었다.

그는 작가가 될 것인가, 의학 공부를 할 것인가를 고민하다 결국 의사가 되기로 한다. 가난하고 아픈 사람들에게 실질적인 도움을 주고 싶었기 때문이다. 그는 이렇게 말했다. "글쓰기는 그저 말일 뿐이지만 의술은 행동이다."

하지만 결과적으로 그는 두 분야 모두에서 두각을 보였다. 바르샤바 의과대학 학생일 때에 가난하고 못 배운 사람들이 사는 지역으로 거처를 옮겨 시간이 날 때마다 아이들에게 글을 가르쳤고 가난한 사람들을 어떻게든 도우려 했다. 코르차크의 첫 번째 책인 《거리의 아이들》은 그때 바르샤바의 슬럼에서 경험한 일들을 사실적으로 그린 책이었다. 이 책으로 작가로서 이름이 더 드높아졌다. 코르차크는 한때 폴란드 사회당에 관여하기도 했으나 당의 정치활동에 실망해서 거리를 두었다. 사회 불평등을 해소하려는 사회주의에 대한 믿음은 있었지만, 그 밖의 것에는 쉽게 동의하지 못했기 때문이다. 그의 원칙은 "사회를 개혁하려면 먼저 교육을 개혁해야 한다"는 것이었다. 1904년 의사 자격을 얻은 코르차크는 소아과를 전공하기로 결심하고 바르샤바 어린이병원에서 일하기 시작했다.

이듬해에는 러시아군에 징집되어 군의관으로 러일전쟁에 참전했다. 그는 전선에서 복무하며 전쟁의 참상과 부당함을 직접 목격하고 이런 글을 썼다.

전쟁은 극악무도한 것이다. 이렇게 많은 아이들이 굶주리고 학대받고 위험에 노출되는데 아무도 신경도 쓰지 않는다. 어떤 국가든 전쟁을 벌이기 전에 아무 죄 없는 아이들이 다치고 죽고 고아가 되어야 한다는 점을 생각해보아야 한다. 어떠한 대의도, 어떠한 전쟁도 아이들이 행복을 누릴 권리를 빼앗아도 될 만큼 중요한 것은 없다. 전쟁 이전에 아이들을 먼저 생각해야 한다.

전쟁이 끝난 후 코르차크는 베를린, 파리, 런던 등을 돌며 의학 공부를 계속한다. 폴란드로 돌아와서는 아이들의 심리와 행동을 더 깊이 연구하기 위해 바르샤바 빈곤층 아이들이 여름방학을 보내는 어린이 캠프 모임의 고문 겸 교사가 된다. 코르차크는 이때의 경험에 큰 영향을 받아 아이들의 돌봄과 교육에 점점 더 많은 노력을 쏟아붓게 된다.

그러는 한편 그의 이름이 의과 대학생과 교육학자 사이에 널리 알려져, 그의 강의를 들으려고 멀리서 찾아오는 사람이 많았다. 바르샤바 교육학협회에서 마련한 '아이들 마음'이라는 강의가 코르차크의 사람됨과 교육 방식을 잘 보여준다. 한 학생은 그 강의를 이렇게 떠올린다.

코르차크 선생이 엑스레이실에 모이라고 해서 어리둥절했죠. 그런데 선생님이 고아원에 데리고 있는

네 살 남자아이 하나와 같이 들어왔습니다. 엑스레이를 켜자 아이 심장이 콩닥콩닥 뛰는 게 보였습니다. 아이는 낯선 사람이 가득한 어둑한 방에서 무서운 소리를 내는 기계 앞에 서 있자니 겁에 질렸던 겁니다. 선생은 아이가 더 겁먹게 하지 않으려는 듯 낮고 부드러운 목소리로 말했습니다. "지금 화면에서 본 것을 절대로 잊지 마십시오. 아이가 겁에 질렸을 때 심장이 얼마나 격렬하게 뛰는지 여러분은 봤습니다. 어른이 아이에게 화를 낼 때나 아이가 혼이 날까봐 떨 때에는 이보다 훨씬 더 심하게 뛸 것입니다." 그러고는 아이 손을 잡고 나가면서 이렇게 말하더군요. "오늘 강의는 끝났습니다!" 더 이상 아무 말도 필요 없었습니다. 나뿐 아니라 모든 사람이 그날 강의를 평생 기억할 것입니다.

바르샤바에서 내로라하는 집안에서 다투어 코르차크를 가정의로 모시려고 했지만, 그는 슬럼의 아이들을 돌보기로 마음을 굳혔다. 그는 다른 의사들이 왕진을 거절하는 '불쾌한' 환경의 가정에도 두말

없이 갔다. 코르차크는 부유한 환자들에게는 진료비를 많이 청구했지만, 가난한 환자들은 무료로 치료해주고 때로는 오히려 약 살 돈을 놓고 가기도 했다.

1912년 코르차크가 삼십 대 초반이 되었을 때는 의사나 작가보다 교육자로서의 면모가 더욱 두드러지게 된다. 그는 이때의 결심을 말년에 이렇게 설명했다. "캐스터오일 한 숟갈이 가난이나 고아라는 사실을 낫게 해줄 수는 없었다." 의술이 사회문제를 해결하는 데에는 아무 힘도 없음을 깨달았기 때문에, 그는 아픈 아이들을 돌보는 것만으로 자기 할 일을 다하고 있다고 만족할 수가 없었다. 코르차크는 새로 건립된 유대인 고아원 원장이 됐다. 이 건물은 코르차크가 직접 계획하고 설계했는데, 당시 유럽에서는 가장 시설이 좋고 아름답게 지어진 고아원이었다. 이때부터 죽는 날까지 그는 고아원 다락방에서 살며 월급은 한 푼도 받지 않고 일했다.

그가 고아원을 떠나 있었던 것은 제1차 세계대전이 일어나 다시 러시아 군대에 4년간 군의관으로 복무했을 때뿐이다. 그는 참혹한 전쟁의 한가운데에서

부대가 이동할 때나 부상병들을 돌보는 와중에 짬이 날 때마다 글을 썼고, 그 원고가 그의 저서 중 가장 중요한 책인《아이를 사랑하는 법》이 되었다. 이 책에서 코르차크는 자신의 경험과 관찰을 토대로 아이의 정신적, 실제적 양육에 대한 생각을 들려준다. 칼릴 지브란의 사색과 스포크 박사의 실용주의를 하나로 합해 놓은 격이다. 이 책이야말로 아이의 마음속으로 들어가는 통로와 같다.

두 차례 세계대전 사이의 기간은 코르차크에게 아주 보람된 시간이었다. 코르차크의 고아원은 당시 폴란드 다른 고아원에 비해 훨씬 발달한 교육 이론과 방법을 실천하는 행복한 보금자리가 될 수 있었다. 하지만 아이들에 대한 코르차크의 통찰은 감상주의에서 나온 것이 아니라 지속적인 임상 관찰과 꼼꼼히 수집한 자료를 바탕으로 이루어진 것이었다. 코르차크는 비현실적인 이상주의와는 거리를 두었다. 그는 아이들 마음을 이해하는 능력이 비범했을 뿐만 아니라 아이들의 권리를 진심으로 고민하는 사람이었다. 현명하고 따뜻한 사람이었으며, 돈이나 명성이나 가정을 꾸리는 일 들에는 아무 관심 없이 오로지 한 가지 일에만 몰두했다.

1919년 코르차크는 사회복지사인 마리나 팔스카와 함께 가톨릭 아이들을 위한 고아원도 설립했다. 두 고아원에 같은 교육 방식을 적용했으며, 그와 30년 넘게 함께 일한 스테파니아 빌친스카를 비롯한 헌신적인 조력자들의 도움을 받아 운영했다. 코르차크가 늘 바쁘고 자리를 비웠다가 다시 나타나곤 하는 아버지 같은 존재였다면, 스테파니아는 늘 곁에 있는 어머니 같은 존재였다. 아이들은 아주 사소한 문제만 있어도 쪼르르 스테파니아에게 달려갔다. 스테파니아는 언제라도 아이들에게 기꺼이 시간을 내주었기 때문이다. 코르차크가 전쟁에 나갔을 때에는 혼자서 고아원을 운영했고, 티푸스가 발병했을 때에는 아이들을 병원으로 데려가 많은 목숨을 구했다. 두 사람은 완벽한 팀을 이루었다. 코르차크의 창의성과 상상력이 스테파니아의 실천적 능력을 딛고 완성될 수 있었다.

교육 활동 짬짬이 코르차크는 글쓰기를 계속했다. 1923년에는 코르차크의 책 중에서 가장 널리 알려진 동화 《마치우시 1세 왕》을 출간했다. 20개 이상의 언어로 번역되고 여러 세대 아이들에게 사랑을 받아온 책이다. 상상의 왕국을 배경으로 한 이 동화에서 어린 왕자 마치우시는 왕위를 계승한 뒤 세상의 온갖 불의, 특히 어른들이 아이들에게 가하는 부당함에 맞서 싸운다. 그리하여 아이들이 나라를 다스리게 되고, 어른들은 다시 학교로 보내진다. 이 작품은 아이들이 어른 세계를 어떻게 바라보는지에 대한 놀라운 통찰을 담은 걸작이다. 비슷한 무렵에 쓴 또 다른 소설 《다시 아이가 된다면》은 서정적이면서도 심리적 깊이가 있다. 어느 날 갑자기 다시 어린아이가 된 어른의 이야기를 통해서 어른과 아이 양쪽의 관점을 보여주어 어른과 아이가 서로를 이해할 수 있게 하는 책이다.

코르차크의 업적 중에서도 특히 획기적인 일은 1926년 〈작은 평론〉이라는 주간지를 창간한 것이다. 아이들이 만든, 아이들을 위한 신문이었다. 전국에서 아이들이 질문과 고민거리를 보낼 수 있게 곳곳에 우편함을 설치했다. 코르차크의 기획서에는 이렇게 쓰여 있다. "열두 대의 전화를 설치해서 누구나 아무 때나 하고 싶은 이야기를 하고 질문도 하고 항의도 할 수 있게 한다. 편집은 세 명이 함께 맡는다. 나이 든 사람(대머리에 안경을 낀 사람) 한 명에 여자아이와 남자아이 한 명씩을 추가로 편집자로 둔다." 편집자, 기자, 모두 적은 돈이지만 월급을 받고 일했다. 코르차크는 자기가 쓴 글은 거의 싣지 않았지만 목요일마다 열리는 통신원 회의를 주재했다. 〈작은 평론〉은 1939년 전쟁 발발 직전까지 나왔으며, 이런 시도는 언론 역사상 처음이었다.

코르차크는 아이들을 존중해야 한다고 거듭 강조했다. 어른으로서 권위를 행사하지 않아야 한다는 코르차크의 생각은 그가 쓴 글에서도 실제 삶에서도 한결같이 드러난다. 그는 훌륭한 교육자는 스스로도 계속 배우고 발전하기를 멈추어서는 안 된다고 생각했다. 그는 아이들에게서 많은 것을 배웠다.

고아원에 모인 아이들은 특히나 불우하고 가혹한 환경에서 자란 아이들이었다. 이 아이들은 마음속에 깊은 두려움과 불안, 불신이 있었고 속임수와 허세를 생존 방식으로 삼았다. 부모의 돌봄을 받으며 심성을 기르지 못한 탓에 반사회적인 성향을 보일 때가 많았다. 코르차크는 아이들이 이런 방향으로 나가는 것을 막는 데 역점을 두었다. 이 아이들이 어른을 믿고 의지하게 만드는 일이 무엇보다도 우선임을 코르차크는 알았다. 그래서 그는 아이들이 사회에서 누릴 수 없었던 바로 그것―존중, 사랑, 관심을 되돌려주는 것을 목표로 삼았다.

코르차크의 노력이 헛되지 않았음을, 고아원을 떠나면서 한 아이가 남긴 이런 말에서 알 수 있다.

이곳이 아니었다면 세상에는 남의 물건을 훔치지 않는 정직한 사람이 있다는 사실을 결코 알 수 없었을 것이다. 사실을 말하는 사람이 있다는 것도, 공평한 규칙이 있다는 것도 몰랐을 것이다.

코르차크는 아이들이 선한 마음을 타고났으며 기회를 주고 올바르게 이끌면 더 나아지려고 애쓴다고 확신했다. 또 어린 시절을 앞으로의 삶을 준비하는 시간으로 생각하는 경우가 많지만 사실은 모든 순간이 그 자체로 중요하다고 믿었다. 따라서 아이들이 자라 어떻게 될 것이라서가 아니라 지금의 모습 그대로 소중한 존재라고 여겨야 한다고 했다. 코르차크는 아이를 어른의 눈으로 보는 대신 아이가 생각하는 방식을 이해하고 존중해야 한다고 말했다. 여러 저서와 글에서 이런 생각을 언급하고 교사나 대중을 상대로 한 강연, 학회에서도 강조했다.

고아원에서도 자신의 이론을 실행에 옮겨 다섯 명의 어린 판사가 주재하는 '어린이 법정'을 열었다. 교사는 법원 서기를 맡았다. 불평이 있는 아이는 누구라도 자기를 괴롭힌 사람을 또래 아이들이 판결을 내리는 법정에 세울 수 있었다. 이 법정에서는 교사와 아이 모두가 평등했고, 누구나 판결에 복종해야 했다. 코르차크 자신도 6개월 동안 다섯 번이나 고소를 당했다고 한다. 그는 모든 학교에 이런 법정이 생겨서 아이들의 권리도 지키고 아이들에게 법률과 개인의 권리를 존중해야 함을 가르칠 수 있게 되기를 바랐다.

또한 코르차크는 매주 바르샤바 소년법원 증언대에 서서 가난하고 방치된 거리의 아이들이 중형을 선고받는 것을 막으려고 열심히 변호했다.

비행을 저지른 소년도 소년입니다. 이 아이는 될 대로 되라고 이러는 게 아니고 자기가 어떤 사람인지를 아직 몰라서 그럴 뿐입니다. 가혹한 처벌은 아이가 자기 자신에 대해 더욱 부정적인 생각을 갖게 해서 오히려 더 나쁜 행동을 하게 만들 위험이 있습니다. 아이가 이런 행동을 하게 만든 책임은 아이를 돌보지 못한 사회에 있습니다.

1차 세계대전과 2차 세계대전 사이에 폴란드에서는 반유대주의가 기승을 부렸다. 존경받는 코르차크조차도 영향을 받지 않을 수 없었다. 1935년 코르차크는 폴란드 국영 방송에서 〈의사 할아버지〉라는 제목의 라디오 프로그램을 맡아 아이와 육아에 관한 이야기를 하고 청취자들의 질문에 답변을 하게 되었다. 방송국 간부들은 코르차크를 무척 존경하면서도 그가 유대인이기 때문에 방송에 그의 실명을 내보내기를 꺼렸다. 그래서 그는 익명으로 방송을 진행해야 했다. 그랬어도 그의 부드럽고 따뜻하며 친근한 목소리와 타고난 유머 감각 덕에 프로그램이 금세 폴란드 전역에서 인기를 끌었고 청취자가 크게 늘었다. 어렸을 때 이 프로그램을 들었던 한 청취자는 이렇게 기억했다. "〈의사 할아버지〉를 듣고 나는 어른 중에도 우리 세계에 아무렇지도 않게 쉽게 들어올 수 있는 어른이 있다는 사실을 처음으로 알게 되었어요. 그는 우리 마음을 잘 이해했을 뿐 아니라 우리를 진심으로 존중하고 중요한 존재로 여겼지요."

폴란드 라디오 잡지 〈안테나〉 편집장은 코르차크의 방송을 이렇게 평했다.

코르차크의 방송은 아이들을 대상으로 한 것이었

지만 어른들도 푹 빠져들었습니다. '의사 할아버지'는 오직 사랑만이 세상의 아이와 어른을 한데 묶을 수 있다고 강조했지요. 그는 폴란드 라디오에서 가장 위대한 지성이며 휴머니스트였습니다. 겸손하고 조용하며 다정하게 조곤조곤 말을 건넸지요. 우리의 괴로움과 고통, 가난, 염려를 들여다보았고 이해했습니다. 그러면서 청진기를 우리 심장과 영혼에 대고는 꼼꼼하게 진찰하고 신중한 진단을 내렸습니다.

유럽의 정치 상황이 나빠지자, 코르차크는 고아원을 졸업한 몇몇 아이들이 이주해 정착한 팔레스타인 지방을 돌아보기로 했다. 극우 파시스트들이 세력을 확장하던 때였다. 자경대와 반유대주의자 폭도들이 거리로 나오기 시작했다. 코르차크는 폴란드의 유대인들이 불씨 위에 앉은 형국임을 느꼈다. 스테파니아는 이미 1932년에 지인을 만나러 팔레스타인에 갔다가 눌러앉은 상태였다. 스테파니아는 키부츠에 있는 보육원에서 일했는데 유대인 공동체의 교육제도에 크게 감탄해서 코르차크에게도 와서 살펴보라고 재촉했다. 스테파니아의 편지를 읽고 호기심과 흥미가 발동한 코르차크는 1934년 여름 팔레스타인으로 여행을 갔다. 그곳 사람들이 이룩한 기적과도 같은 성취에 코르차크도 완전히 마음을 빼앗겼다. 유대인들이 풀 한 포기 자라지 않던 황무지를 개간해 농사를 짓고 있었던 것이다.

아이들이 꿈과 두려움, 갈망과 혼란을 거리낌 없이 표현할 수 있는 나라가 있다면 그곳이 팔레스타인일지 모른다. 그곳에 이름 없는 고아를 위한 기념비를 하나 세워야 할 것이다. 세상에는 노동과 식량도 필요하지만 무엇보다도 새로운 믿음이 필요하다. 앞날에 대한 믿음은 모든 희망의 근원인 아이들에게 있다. 나는 나에게 주어진 남은 나날을 팔레스타인에서, 폴란드를 그리워하면서 보내고 싶다는 희망을 버리지 않았다.

1939년 9월 1일 독일군이 폴란드를 침공했다. 일년 뒤 나치는 크로흐말나 거리에 있는 유대인 고아원 아이들을 포함해 바르샤바의 모든 유대인을 유대인 게토 안으로 이주시켰다. 게토 안의 생활 여건은 충격적으로 열악했다. 굶주림과 질병이 만연했고, 길거리에 죽은 시신이나 죽어가는 사람이 널려 있었다. 아이들의 생존이 자기 손에 달려 있다는 생각에, 코르차크는 자기도 건강이 안 좋고 먹지 못해 굶주린 상태인데도 '가장 무력한 이들을 위한 거지'가 되어 거리로 나섰다. 날마다 등에 자루를 메고 돌아다니며 아이들에게 먹일 음식과 의약품을 구걸했다. 한 줌의 식량이라도 얻을 수 있다면, 구걸쯤은 아무 일도 아니었다. 코르차크는 자기 아이들을 돌보고 먹이는 불가능한 일을 해나가는 한편으로 또 다른 영웅적인 일을 떠맡았다. '고아 보호소'라고 불리던, 아프고 죽어가는 아이들의 임시 병동까지 떠맡은 것이다. 코르차크는 그곳을 두고 '아이들을 착취하는 도둑떼가 운영하는 곳이며 시체가 기어 다니는 시체안치소나 다름없다'고 하면서도 시간을 쪼개어 이곳에서 죽어가는 아이들을 돌보는 데 몸을 바쳤다. 간이 침상을 만들어 아이가 최소한 인간다운 모습으로 존엄한 죽음을 맞을 수 있게 하려고 했다. 최초의 호스피스라고 부를 수 있는 시설이었다.

코르차크는 굶주림과 질병에 시달리는 고아원 아이들이 최소한 정상적인 삶을 이어나가는 시늉이라도 할 수 있게 하려고 애썼다. 수업도 놀이도, 아이들을 돌보는 일도 계속했다. 툭하면 길에서 죽어가는 아이들을 데려오기도 했다. 코르차크가 거두지 않았다면 그대로 죽고 말았을 아이들이었다. 코르차크의 친구들, 그를 따르는 사람들이 코르차크에게 제발 자기 목숨부터 구하라고 사정했다. 그러나 코르차크의 대답은 한결같았다. "당신 아이가 아프고 불행하고 위험에 처해 있는데 아이를 버리지는 않겠지요? 그런데 내가 어떻게 2백 명이나 되는 아이들을 버릴 수 있겠습니까?"

상황이 점점 나빠지자 절망에 빠진 그는 일기 형태로 유언을 남겼다. 이 일기는 안네 프랑크의 일기만큼이나 유명하다. 일기 마지막 장에 그는 이렇게 썼다. "나는 누구에게도 화가 나지 않는다. 어느 누구도 저주하고 싶지 않다. 그럴 수가 없다. 그렇게 하는 방법을 모른다.”

마지막 순간까지 그는 유대교의 가르침에 따라 살려고 했다.

‘모든 사람이 비인간적으로 행동하면 어떻게 해야 합니까?’라고 누가 묻는다면 ‘더 인간적으로 행동해야 한다’라고 대답해야 한다.

코르차크는 죽음에 이르기까지 그 말씀대로 살았다.

1942년 8월 6일 코르차크와 아이들이 함께 한 죽음의 행진은 전설이 되었다. 그들은 고개를 꼿꼿이 들고, 코르차크가 디자인한 고아원 깃발을 들고 행진했다. 한쪽 면은 흰 꽃송이가 그려진 녹색 깃발이고 다른 면에는 파란 다윗의 별이 있었다. 어떤 목격자는 이렇게 증언한다.

죽을 때까지 그 광경은 절대로 잊지 못할 것이다. 그것은 살인자들을 향한 조용하면서도 질서 있는 항거

였으며 지금까지 어느 누구도 보지 못했을 행진이었다. 엄청나게 더운 날이었다. 아이들은 네 명씩 짝을 지어 걸었다. 코르차크는 제일 앞줄에서 양손으로 아이들 손을 하나씩 잡고 고개를 꼿꼿이 들고 걸었다. 두 번째 무리는 스테파니아(스테파니아는 전쟁이 일어나리라는 걸 알면서도 1939년 폴란드로 돌아왔다)가 이끌었다. 얼굴에 학살자에 대한 경멸을 담고 당당히 죽음을 향해 걸었다. 게토의 경찰 한 명은 코르차크를 보고는 자기도 모르게 경례를 붙였다. 독일 병사들은 '저 사람이 대체 누구야?' 하며 숙덕거렸다. 나는 뺨을 타고 흐르는 눈물을 두 손으로 가렸다. 학살 앞에서 아무것도 할 수 없는 무력함을 비관하며 흐느껴 울고 또 울었다.

코르차크는 피로에 지치고 영양부족에 시달리고 있었지만, 의연하게 2백 명의 아이들을 조용하고 질서정연하게 이끌며 숨죽인 바르샤바 거리를 가로질러 기차역으로 갔다. 코르차크와 스테파니아 그리고 다른 교사들은, 깔끔하게 옷을 차려 입고 저마다 자기가 가장 좋아하는 장난감이나 책을 손에 든 아이들과 함께, 한 번도 뒤돌아보지 않고 트레블링카의 가스실을 향해 가는 화물차에 올라탔다.

폴란드의 저명한 작가이자 언론가 마레크 야보르스키는 이렇게 썼다.

야누시 코르차크와 아이들의 육신은 불에 타버렸다. 남은 것은 바람이 사방으로 날려버린 한 줌 재와 연기뿐이다. 그러나 이 연기와 함께 코르차크의 사상은 세계로 퍼질 것이고 어느 누구도 그 생각을 파괴하거나 망각 속으로 몰아낼 수는 없을 것이다.

# 아이들의 인권에 대하여

야누시 코르차크는 1924년 국제연맹이 아동권리
선언을 채택하기 한참 전부터 아동 인권 선언이 필
요하다고 주장했다. 그러나 국제연맹이 발표한 선언
문에 대해서는 그다지 후한 평가를 내리지 않았다.
"선언문은 선의에 호소할 것이 아니라 강력히 주장
해야 한다. 배려를 간청할 것이 아니라 요구해야 한
다."

1959년 국제연합은 유명한 세계인권선언을 발표
하고 곧이어 2차 아동권리선언을 발표한다(1959년
11월 20일). 아이들의 권리를 위해 한 걸음 더 나아
간 것이긴 했으나 여전히 법적 강제성이나 시행을

보장할 절차가 없는 선언에 그쳤다. 바로 그해에 폴란드에서는 코르차크의 사상에 영향을 받은 글을 기초로 국제 협약의 초안을 만들자는 제안이 나왔다. 폴란드에서 초안한 협약은 모든 어린이가 교육, 사회 보호, 의료 보호를 받아야 한다는 것, 착취, 학대, 폭력, 전쟁으로부터 보호받아야 한다는 것, 그리고 어느 정도 나이가 되면 어린이들에 관련된 결정에 의견을 낼 수 있어야 한다는 것 들을 포함한다. 이 초안에 근거하여 작성된 '아동권리협약'을 1989년 국제연합 총회에서 만장일치로 채택하였다. 코르차크가 부르짖은 '인권'에 세계의 뜻이 모아지는 데에 자그마치 50년이라는 세월이 걸린 것이다.

1993년 유엔 아동인권위 일원인 토머스 해머버그는 다음과 같이 말했다.

해마다 천만 명에 달하는 아이들이 나을 수 있는 병이나 영양실조 때문에 죽는다. 오늘날 1억 명이 넘는 아이들이 초등교육조차 받지 못한다. 위험한 노동에 시달리는 아이들의 수도 그에 못지않다. 성매매로 고통받는 아이들은 수십만 명에 달한다. 전쟁에 시달리는 아이의 수도 헤아릴 수 없이 많다. 천만 명이나 되는 아이들이 난민이 되어 떠돈다. 차별당하거나 방치되는 장애아동은 수백만이다. 가정폭력에 시달리는 아이들은 세계 어디에나 있다.

# 야누시 코르차크의 아동 권리 선언

나는 아이들의 권리를 위한 대헌장이 필요하다고
주창합니다. 이게 전부는 아니겠지만 가장 중요하다
고 생각하는 것은 이런 것들입니다.

- 아이는 사랑받을 권리가 있다
- 아이는 존중받을 권리가 있다
- 아이는 최적의 환경에서 성장하고 발전할 권리가
  있다
- 아이는 현재에 살 권리가 있다
- 아이는 있는 그대로의 모습으로 인정받을 권리가
  있다

- 아이는 실수할 권리가 있다

- 아이는 실패할 권리가 있다

- 아이는 진지하게 대우받을 권리가 있다

- 아이는 비밀을 가질 권리가 있다

- 아이는 거짓말하고 속이고 물건을 훔치는 행동을 해볼 권리가 있다

- 아이는 가진 물건과 가진 돈을 존중받을 권리가 있다

- 아이는 교육을 받을 권리가 있다

- 아이는 불의에 항의할 권리가 있다

- 아이는 어린이 법정에서 서로 간에 판결하고 판결 받을 권리가 있다

- 아이는 소년사법제도 내에서 변호받을 권리가 있다

- 아이는 자신의 슬픔을 존중받을 권리가 있다

- 아이는 하느님과 교감을 나눌 권리가 있다

- 아이는 어린 나이에 죽을 권리가 있다

코르차크의
# 고별 인사말

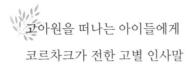

## 고아원을 떠나는 아이들에게
## 코르차크가 전한 고별 인사말

안타깝게도 너에게 줄 수 있는 것은 이 몇 마디
말밖에 없구나.
하느님을 너에게 선물할 수도 없다. 하느님은
네 마음속에서, 묵상을 통해 스스로 찾아야 하기
때문이다.
너에게 조국을 줄 수도 없구나. 조국 역시
네 가슴속에 있을 테니까.
사랑하는 마음을 줄 수도 없다. 용서 없이는 사랑이
있을 수 없고, 용서라는 것은 모든 사람이 스스로
배워야만 하는 것이기 때문이다.

내가 줄 수 있는 것은 오직 하나—

더 나은 삶, 진실하고 정의로운 삶을 위한 갈망.

오늘은 그것이 없을지라도 언젠가는 얻을 수 있을

것이다.

어쩌면 이 갈망이 너를 하느님, 조국, 사랑으로

이끌지도 모르겠구나.

잘 가라. 잊지 마라.

사람들은 죽음을 두려워한다.

삶이라는 눈부신 현상은 아주 짧은 동안만

지속되는 것임을 모르기 때문이다.

삶이 끝나지 않는다면 우리는 삶을 소중히 여기지도 않을

것이고 쉽게 그것에 질려버릴 것이다.


태어나서 살아가는 법을 배우기는

아주 힘든 일이다.

내 앞에 있는 죽음이라는 일은 그보다는 훨씬 쉽다.

죽은 다음에는 더 힘들 수도 있겠지만,

지금은 그 생각은 하지 않으련다.

나는 마지막 해, 마지막 달, 마지막 순간까지

정신이 온전한 상태로 죽고 싶다.

아이들에게 작별 인사를 어떻게 해야 할지 모르겠다.

그저 이 말만은 분명하게 해주고 싶다.

자유롭게 너의 길을 택하라는 말을.

엮은이 | 샌드러 조지프(Sandra Joseph)

영국 런던에 살고 있는 아동 심리치료학자다. 더 많은 사람들이
야누시 코르차크를 알 수 있게 하기 위해 코르차크의 글을 모아
《야누시 코르차크의 아이들(원제: A Voice for the Child)》과《모든
아이들을 사랑하며(Loving Every Child)》를 펴냈다.


그린이 | 이츠하크 벨페르(Yitzhak Belfer)

1923년 폴란드에서 태어나 바르샤바의 야누시 코르차크
고아원에서 자랐다. 바르샤바가 독일군에 함락되었을 때 벨페르는
숲 지대를 통과해 러시아로 탈출했다. 전쟁이 끝나고 폴란드로
돌아와서는 유대인들이 무참히 학살당한 광경을 보아야 했다.
1947년 이스라엘로 밀항하다 영국군에 적발되어 키프러스에
억류되었고, 그곳 감옥에서 그림을 그리기 시작했다. 1948년부터
이스라엘에 살면서 텔아비브 대학에서 미술을 가르치고 있으며,
그의 작품은 세계 각지에서 전시되고 있다.

옮긴이 | 홍한별

글을 읽고 쓰고 옮기면서 살려고 한다. 옮긴 책으로
《달빛 마신 소녀》《피시본의 노래》《식스펜스 하우스》
《나는 불안과 함께 살아간다》《사악한 책, 모비 딕》들이 있다.
《다시 동화를 읽는다면》〈미스테리아〉 들에 글을 실었고,
대학원에서 번역 강의를 한다.


야누시 코르차크의 아이들

1판 1쇄 | 2002년 12월 18일
2판 3쇄 | 2024년 8월 1일

글쓴이 | 야누시 코르차크    엮은이 | 샌드러 조지프
그린이 | 이츠하크 벨페르    옮긴이 | 홍한별
펴낸이 | 조재은    편집부 | 김명옥 육수정
관리 | 조미래

펴낸곳 | (주)양철북출판사
등록 | 2001년 11월 21일 제25100-2002-380호
주소 | 서울시 영등포구 양산로 91 리드원센터 1303호
전화 | 02-335-6407    팩스 | 0505-335-6408
전자우편 | tindrum@tindrum.co.kr
ISBN | 978-89-6372-313-6 03370    값 | 15,000원

잘못된 책은 바꾸어 드립니다.